封面题字　李岚清

封面题字　李岚清

红色华润

华润集团有限公司红色华润编委会 编

吴学先 著

中华书局

上

图书在版编目（CIP）数据

红色华润/华润集团有限公司红色华润编委会编；吴学先著．—
2版．—北京：中华书局，2018.5（2025.7重印）
ISBN 978 - 7 - 101 - 13161 - 1

Ⅰ．红…　Ⅱ．①华…②吴…　Ⅲ．企业集团 - 经济史 - 中国 -
1938～1983　Ⅳ．F279.244

中国版本图书馆 CIP 数据核字（2018）第 063046 号

书　　名	红色华润（全二册）
编　　者	华润集团有限公司红色华润编委会
著　　者	吴学先
责任编辑	许旭虹
装帧设计	许丽娟
责任印制	陈丽娜
出版发行	中华书局
	（北京市丰台区太平桥西里38号　100073）
	http://www.zhbc.com.cn
	E - mail：zhbc@ zhbc.com.cn
印　　刷	河北新华第一印刷有限责任公司
版　　次	2010 年 4 月北京第 1 版
	2018 年 5 月第 2 版
	2025 年 7 月第 12 次印刷
规　　格	开本/710×1000 毫米　1/16
	印张 44¼　插页 4　字数 500 千字
印　　数	66001 - 72000 册
国际书号	ISBN 978 - 7 - 101 - 13161 - 1
定　　价	98.00 元

华润公司历任负责人（一）

杨琳
1938年夏—1949年5月
联和行、华润公司总经理
1949年6月—1952年10月
华润公司董事长

钱之光
1948年8月—1949年5月
华润公司董事长
1949年5月—1952年10月
香港管理委员会委员

李应吉
1949年6月—1952年10月
华润公司总经理

张平
1952年10月—1960年12月
华润公司董事长、总经理

丁克坚
1960年12月—1971年12月
华润公司总经理

张光斗
1972年1月—1981年10月
华润公司总经理

张建华
1981年11月—1986年9月
华润公司总经理
1986年9月—1988年3月
华润集团董事长

贾石
1983年9月—1985年12月
华润集团董事长

华润公司历任负责人（二）

朱友蓝
1988年2月—1998年9月
华润集团董事长、总经理

佟志广
1986年2月—1991年1月
华润集团总经理

沈觉人
1991年6月—1996年4月
华润集团董事长

谷永江
1996年4月—2000年12月
华润集团董事长

宁高宁
1998年4月—2004年12月
华润集团总经理

陈新华
2000年12月—2008年4月
华润集团董事长

乔世波
2008年12月—2016年1月
华润集团总经理

傅育宁
2014年4月—2020年7月
华润集团董事长

序

传承历史，再创辉煌

吴仪

华润是我党在海外建立的第一个对外贸易机构。从成立之初只有三名员工的小商号，经过七十多年的艰难创业、辛勤耕耘，今天发展成为管理科学、运营稳健、资本雄厚、整合能力强、整体效益高的新国企，成为在电力、啤酒、地产、零售等竞争性领域具市场领先地位的国有控股集团，和中港两地最具实力的多元化企业之一。几代华润人筚路蓝缕，自强不息，书写了一部传奇的历史。

我曾经分管过对外经济贸易工作，对华润的历史和发展情况多有了解。回顾华润七十多年的历程，可以说它是在烽烟弥漫的战争年代诞生，在如火如荼的新中国建设大业中成长，在风雷激荡的改革开放大潮中壮大，在不断转型不断创新中重生。华润的发展历史见证了新中国发展的历程，反映了中国改革开放的进步，也折射了中国国有企业的变迁。

华润的历史，是一部为了国家富强和民族振兴，前赴后继、奋发图强的爱国史。从诞生的那一天起，华润就始终站在时代的前列，在各时期都听从党和国家的召唤，发挥着"红色"企业的作用。战争年代，联和行积极参与党在香港领导的抗日募捐活动，将捐助物资妥为保管，辗转运至根据地。解放战争期间，华润完成了多项重要使命，例如，接送爱国民主人士北上参加第一届全国政治协商会议；接管我党在港贸易机构，为解放区输送经济干部；配合三大战役，采购军需物资；采购国计民生物资输往被解放的城市，恢复当地生产、平抑物价等。新中国成立后，几代华润人为促进国家经济建设不遗余力、无私奉献。华润曾是我国最大的现汇来源渠道，代理贸易曾一度高达全国外贸总额的30%；华润是广交会的发起和组织者；是"三来一补"的首创者；是香港中资企业的摇篮。改革开放后，华润又积极将香港的众多优势嫁接内地，为推动香港与内地的联系和经济发展，贡献了自己的力量。华润长期服务香港社会，为确保香港繁荣稳定贡献良多。"三趟快车"的开行及上个世纪70年代缓解香港石油危机就是其中生动的例子。华润在壮大自己基业的同时，始终处处体现自己对香港、对祖国的承担……可以说，在各个历史时期，每一代华润人都肩负过历史重任，都曾承担了重要角色，发挥过重要作用，坚实地履行了历史所赋予的职责，为推动社会进步和国家发展，做出了独特的贡献。

华润的历史，是一部始终顺应时代潮流和历史趋势，上下求索、不断转型的创业史。七十多年的风雨沧桑，华润都能面对风云变幻，顺应市场环境的变化，主动转型，从一个贸易公司成功转变为以实业为主体的多元化集团，企业始终保持勃勃生机。众所周知，从贸易代理起家，华润经历了五次战略转型，才形成现今的业务格局。历史上华润曾经尝试了各种贸易形态，参与了增值链上的每一个环节，兴建了各种经营设施，开设众多的海外贸易机构，在中国商务史上写下了浓墨重彩的一笔。每次发展的十字路口，华润都能顺利地找到新的发展方向，抓住机遇及时转型，在经济周期逆转前安然度过危机。华润历来秉持稳健经营的方针，持盈保泰，不盲目发展，按市场规律经营管理企业的意识，使华润能够未雨绸缪，领先进行改革、转型；多年来根植香港，使高层管理团队既具有国际视野，又熟悉国情，既能够充分利用香港资本市场，又能够在内地顺利展开扩张并购；勇于反思、不断找差距，一步一回头，更使华润成为善于借鉴标杆企业发展经验的学习型企业。固本培元，不断创新，这是华润的生命之树常青的根本原因。

华润的历史，是一部为着实现庄严使命，坚韧不拔、勇往直前的奋斗史。纵览华润历史，可以真切地感受到，不论是多么艰苦的条件，不论是多么艰难的任务，华润人始终都保持着一种为信念坚定执着、为理想勇往直前的精神。正是凭着这种精神，华润人始终相信国有企业一定能够搞得好，努力地以市场化的发展方式、以客户为导向的经营理念、以明晰的战略目标和架构、以勇于创新的经理人精神去探索国企改革的新模式。正是凭着这种精神，推动着华润的各个行业逐步走向成功。这种信念和使命感，是历代华润人留给我们的宝贵精神财富，应该薪火相传，永不磨灭！

重温华润的光荣历史，华润人应该感到无比的自豪和骄傲。但也应该清醒地认识到，成绩只能说明过去，不能代表现在和将来。今天所面临的内外环境与历史的条件相比已经发生了巨大的变化。如何面对多变的国际局势、如何面对激烈竞争的市场、如何面对消费者日益增长的需求，使华润持续地得到发展，是新一代华润人面临的巨大挑战。只有不断拼搏、不断创新、不断迎接新的挑战、不断超越自我，才能使几代华润人创立的基业得到巩固并发展，才能实现华润成为优秀国有企业和知名国际企业的夙望和梦想。希望华润人能够从历史中汲取力量，获得启示，永远保持清醒冷静、戒骄戒躁，发扬求真务实、大胆创新的精神，继续开拓进取，创造新的辉煌！

二〇〇九年九月十日

代序　薪火相传

华润集团董事长　王祥明

习近平总书记强调："传承红色基因就是要把理想信念的火种、红色传统的基因一代代传下去，让革命事业薪火相传、血脉永续。"今天在这里，我想以"薪火相传"为题，就传承红色基因、赓续红色血脉，和大家作个交流。

一、红色基因是共产党人的精神内核，是华润人的遗传密码

基因原本是一个生物学概念，本身是没有颜色的。红色基因则是引申出来的一个社会学概念，其核心要义是指传承与弘扬革命精神和革命传统。红色基因内涵丰富，它是坚定的理想信念和坚强的精神品质，是对党和国家的绝对忠诚，是敢于胜利的革命风范，是在长期革命与建设实践中孕育形成的光荣传统和优良作风。

——红色基因是中国共产党人的精神内核

象征革命的红色基因，是中国共产党人的精神特质，它形成于新民主主义革命时期，发展于社会主义革命和建设时期，兴盛于改革开放历史新时期，升华于中国特色社会主义新时代，体现着党的性质宗旨，内蕴着强大的信仰力量。一部红色基因生成和发展的历史，就是一部中国共产党兴起、成长和壮大的历史。百余年来，无数中国共产党人为实现民族独立、

005

人民解放和国家富强、人民幸福而前赴后继，共同铸就了红色基因的厚重底蕴与丰富内涵。

——红色基因是华润人的遗传密码

八十六年前，华润创始人杨廉安将红色的火种从延安带到香港，在热血救国的抗日烽烟中创立了联和行，投身于伟大的民族救亡事业中。作为中国共产党早期在隐蔽战线上的组织，华润肩负着救亡图存、保家卫国的光荣使命，经历了革命战争血与火的考验，将红色基因深深根植于血脉之中。

在不同的历史时期，华润的红色基因发展出不同的时代内涵。诞生之初，华润就把"为中国人民谋幸福，为中华民族谋复兴"的初心使命刻在了基因血脉中，成为不竭的精神之源。新民主主义革命时期，华润历经艰辛，破除万难，成为民族救亡图存的先锋力量，华润红色基因集中表现为不怕牺牲、英勇斗争的革命意志和以身许国的奉献精神。新中国建立后，华润着力打破"封锁"，反制"禁运"，华润红色基因集中表现为不畏艰难捍卫国家和民族利益，坚持为党分忧、为国担责的坚守和笃定。党的十一届三中全会以来，华润努力把握时代机遇，勇做时代建设者，华润红色基因集中表现为敢闯敢试、敢为人先、永不言败、拥抱市场的拼劲和激情。进入新世纪，华润奋力做大做强，提升综合实力，华润红色基因集中表现为强烈的市场化思维以及鲜明的企业家精神。进入"十四五"，华润聚力构建"1246"模式，服务国家重大战略，加快建设世界一流企业，扎实履行驻港央企使命职责，华润红色基因集中表现为主动听从党和人民召唤，切实扛起新征程赋予新使命新任务的责任和担当。红色基因在一代代华润人身上传承发展，成为不竭的精神滋养，也铸就了华润人独特的气质和鲜红的底色。

二、坚持立心立命立身，矢志为党为国为民

无论时代如何变化，每一代华润人始终与党和国家事业发展同呼吸、共命运，自觉肩负政治担当，践行为民宗旨，厚植家国情怀，积淀形成了"为中华民族伟大复兴而立心，为创造人民幸福生活而立命，为实现国家经济繁荣而立身"的企业基因。这一基因，与中国共产党百年奋斗主题一脉相承，与中国共产党全心全意为人民服务的根本宗旨一脉相承，与中国共产党推进强国建设的伟大事业一脉相承，体现了鲜明的党性，渲染着鲜红的底色，它正是华润的红色基因。

——为中华民族伟大复兴而立心

实现中华民族伟大复兴是近代以来中国人民最伟大的梦想，是贯穿中国共产党百年奋斗的鲜明主题。诞生于民族危亡之际的华润，致力于民族救亡图存、振衰复兴，是华润的职责所在、使命所系。

坚守初心使命，做到复兴有我。八十六年来，华润始终将企业发展与民族复兴紧密结合，在各个历史时期扮演极其重要的角色。新民主主义革命时期，民族解放需要"勇士"，华润就以贸易为掩护支援前线，保家卫国。社会主义革命和建设时期，民族振兴需要"使者"，华润就积极架通中国与世界的贸易通道，成为中国对外贸易的第一座桥梁。改革开放和社会主义现代化建设新时期，民族强盛需要"先锋"，华润就积极投身实业化多元化发展，快速将

企业做强做大。进入新时代，民族复兴需要"栋梁"，华润就勇担"大国民生""大国重器"时代重任，加快建设世界一流企业，着力推进中国式现代化。

胸怀"两个大局"，勇于善于斗争。历史上，在革命、建设、改革各个时期，华润为推进民族复兴承担了光荣使命，付出了艰苦努力，无论是在隐蔽战线上斗智斗勇，还是奋力打破西方列强"封锁""禁运"，或是在激烈市场竞争中拼搏奋进，都展现出了强烈的斗争精神和过硬的斗争本领。当前，世界百年未有之大变局加速演进，中华民族伟大复兴进入关键时期。我们要积极应对两个大局交织下的新考验，大力增强忧患意识和风险意识，准确识变，科学应变，敢于斗争，善于斗争，依靠顽强斗争打开事业发展新天地。

——为创造人民幸福生活而立命

华润在战火纷飞、民生凋敝的历史背景下诞生，始终将民生忧难放在心间，把企业价值与人民福祉紧密联系在一起，不断书写"有华润、多美好"的温情画卷。

坚持人民至上，共创美好生活。华润八十六年来的事业发展，始终把增强人民幸福感作为价值追求，都是围绕创造人民美好生活而展开。坚守民生产业这一根据地和基本盘，精耕细作大消费、大健康、综合能源、城市建设运营等百姓生活息息相关的民生领域，保障和丰富民生产品供给，围绕消费升级推动民生产业向更高的价值领域突破，打造众多高品质的民生品牌，不断满足人民美好生活的需要。把服务香港市民、改善香港民生当作重要责任田，与香港风雨同舟，倾情守护保障香港社会民生。人民对美好生活的向往永远是华润的奋斗目标，华润永远保持对人民的赤子之心，努力为人民创造更美好、更幸福的生活。

办好惠民实事，增进民生福祉。华润坚持贯彻以人民为中心的发展思想，在做好惠民实事、助力共同富裕中闻令而动，奋发有为。发起设立"华润慈善基金"，全方位开展企业社会责任管理和实践，参与脱贫攻坚和乡村振兴，在全国建成及规划在建18座华润希望小镇，立足自身产业多元化优势，着力打造乡村振兴的示范样板。面对疫情防控、自然灾害等大战大考，全力以赴保障生活物资、医药医疗资源、电力燃气的供给，积极投身应急处突和灾后重建，最大限度守护人民群众生命财产安全和身体健康。切实让企业发展成果更多惠及民众，是华润坚持涵养的民本情怀。

——为实现国家经济繁荣而立身

经济繁荣是国家富强、民族振兴、人民幸福的前提和基石。华润作为一家企业组织，积极投身国家经济建设，贡献商业智慧，引领商业进步，致力成为壮大综合国力、促进国家经济繁荣的重要力量。

服务国之所需，勇担经济重责。强企报国的使命担当，始终融入在华润的血脉中，贯穿于服务国家富强和经济繁荣的实践中。历史上，华润曾是我国最大的现汇来源渠道，代理贸易一度高达全国外贸总额的30%。改革开放以来，华润大力开展实业化投资和多元化经营，在消费、地产、能源、健康等多个行业建立了领先地位。如今，华润经历四次转型、五个阶段的发展，企业经济实力显著增强，已从创立之初只有三人的小商号，发展成为排名世界五百强第74位的大型企业集团，截至2023年底，集团资产总额已突破2.6万亿元，年度经营收入达到8931.8亿元，利润总额达到881.4亿元，切实成了国家经济建设的"主力军"。华润要坚守央企在繁荣国家经济中的重要地位，谋全局，抓大事，主动对接国家经济发展战略，不断增强企业核心功能，提高核心竞争力，充分履行企业经济责任。

善用市场机制，引领商业进步。作为一家诞生于香港、根植于香港的商业组织，华润得香港市场化、商业化、国际化风气之先，用独立创新的商业思维开辟市场空间，用敏锐独到的市场眼光探索商业进步，努力为国家贡献商业智慧。无论是探索建立新中国外贸规则，还是发起和组织"广交会"，首创"三来一补"，或是推进企业在港上市，开启中资企业进军国际资本市场的先河，亦或是创新国有资本投资公司运营模式，完善中国特色国有企业现代公司治理，华润始终积极拥抱市场化机制，弘扬企业家精神，以探索者姿态引领商业进步。在不断变化和激烈竞争的市场环境中，华润要进一步深化企业改革，在治理水平、产业布局、技术创新等方面奋力争先，为引领商业进步、实现国家经济繁荣再立新功。

三、让红色基因薪火相传，让红色华润底色更亮

不忘本来才能开辟未来，善于传承才能更好发展。站在新的历史节点上，面对充满变化和挑战、蕴含希望和机遇的未来，我们要始终把传承红色基因作为必修课、常修课，从华润的历史荣光和精神血脉中，不断汲取奋进新征程、再创新辉煌的智慧和力量，奋力书写忠诚为党、强企报国、履责惠民的崭新篇章，让流淌在华润人血脉中的红色基因薪火相传。

——高举旗帜，坚定信念，铸牢红色基因之精魂

红色基因的传承，首先是信仰、精神的传承和赓续，其要义在于铸牢理想信念之魂、政治忠诚之魂、使命担当之魂，这是华润人永葆初心与本色的精神支柱，也是华润人矢志坚守的不变信条。

要铸牢理想信念之魂。传承红色基因，坚定理想信念，就是要坚持以马克思主义为指导，持续深入学习贯彻习近平新时代中国特色社会主义思想，不断提高理论水平，切实筑牢信仰之基。我们要及时跟进学习总书记最新重要讲话和重要指示批示精神，尤其是关于国企改革发展和党的建设的最新重要论述，不断坚定做强做优做大国有企业的信心决心，推动华润事业发展出新出彩。

要铸牢政治忠诚之魂。传承红色基因，永葆政治忠诚，就是要坚定拥护"两个确立"，坚决做到"两个维护"，立志为党分忧，为国尽责，为民奉献，勇于担苦、担难、担重、担险，以实际行动诠释对党忠诚。各级企业和广大党员干部要自觉同党中央保持高度一致，与党中央决策部署对标对表，把准政治方向，把握政治大局，做到心为党所向，剑从党所指；在推进企业改革发展时，要着眼党和国家工作大局，站在政治和全局的高度，透彻领会中央大政方针，坚决落实中央决策部署。

要铸牢使命担当之魂。华润红色基因揭示了华润"从哪里来"的遗传密码，确立了"向哪里去"的使命航标。传承红色基因，强化使命担当，就是要坚持在历史前进的逻辑中前进，在时代发展的潮流中发展，持续引领商业进步，共创美好生活，致力打造百年华润，实现世界一流，这是我们这一代人必须肩负起的责任，也是对华润先辈最好的告慰。同时，作为驻港央企，要践行在港职责使命，坚持立足香港，面向内地，深化香港业务重塑，充分发挥"超级联系人"作用，主动担当对接国际国内双循环的"桥头堡"，努力形成深耕香港、贯通内地、拓展海外的发展新格局。

——攻坚克难，守正创新，永葆红色基因之活力

传承不是守住炉灰，而要拾柴添薪。当前，企业前行于百尺竿头，发展正中流击水，任务千头万绪，挑战无处不在。唯有持续激活蕴藏于华润红色血脉中的精神力量，敢为人先，笃定前行，不懈奋斗，才能更好地创造无愧于历史、无愧于时代的辉煌业绩。

要涵养克难争先的拼劲。同困难作斗争，是物质的角力，更是精神的对垒。当前，发展新质生产力，增强核心功能，提高核心竞争力，是包括华润在内的中央企业立足新发展阶段的中心工作。今天，传承红色基因，就是要坚定舍我其谁的信念、勇当尖兵的决心，增强应对挑战的信心、攻坚克难的锐气，全力以赴抓好改革深化提升、创新驱动发展等各项工作，补短板，锻长板，育新板，加快形成和发展新质生产力，加快建设世界一流企业。

要涵养守正创新的智慧。当前华润工作主题是"持恒守韧，向新而行"，这既是对华润历史经验和优良传统的总结传承，也是应对时代挑战、着眼长远发展的经营理念。对于各级企业来说，必须以守正为根本，保持华润不变的"底色"，做到持恒守韧，正道致远；以创新为动力，擦亮华润发展的"新色"，做到向新而行，以质取胜。在深化企业改革过程中，我们要始终坚持"两个一以贯之"，在建设中国特色现代企业制度上走在前，做示范，积极打造引领现代新国企的新范式。

——严明纪律，严守规矩，展现红色基因之锐气

纪律严明是我们党历经坎坷却能发展壮大、遭遇各种困难却能不断取得胜利的内在根源。作为党一手创办的红色企业，纪律严明是华润与生俱来的鲜明烙印。杨廉安怀揣万金而不取一文，徐德明等人严守保密纪律、以货物押送员身份成功护送民主人士北上，陈渭仪等在港员工站在国旗下庄严签署"同人公约"，华润人的一言一行都对严守纪律作出了生动诠释。在传承红色基因中，我们要严明纪律规矩，把遵规守纪刻印在心。

党员干部要做遵规守纪、立身正行的表率。广大党员干部特别是各级"一把手"，要以党纪学习教育为契机，带头学纪、知纪、明纪、守纪，进一步强化纪律意识，加强自我约束，提高免疫能力，增强政治定力、纪律定力、道德定力、抵腐定力。无数案例反复证明，党员干部"违法"，无不始于"破纪"。只有在思想深处始终紧绷纪律这根弦，彻底扭转对党规党纪不上心、不了解、不掌握等问题，克服"违纪只是小节、违法才会被处理"的错误心态，才能避免踩"红线"、越"底线"、闯"雷区"。

——凝心聚力，引领发展，彰显红色基因之价值

传承不只为了留存，更是为了发扬光大。华润红色基因的生命力在于不断挖掘新的时代内涵，彰显新的时代价值。今天，我们致敬华润光荣历史的最好方式，就是把华润红色基因坚定不移传承好，与时俱进发展好，以红色基因的软实力铸就基业长青的硬支撑。

要持续做好红色基因的挖掘阐释、宣贯穿透。我们要深入挖掘华润在革命、建设、改革等各个时期的重大事件、红色故事，不断丰富华润红色基因库，把华润红色基因的内涵外延和时代价值提炼好，阐释好。充分用好多种资源，不断完善设施，充实内容，丰富形式，拓展功能，积极探索和完善红色基因宣传教育、实践养成体系。推动红色基因教育融入日常，化作经常，进一步加强干部教育培训、并购企业和新入职员工培训，以及党员党性教育。要鼓励和支持基层组织在传承红色基因实践中积极探索创新，使红色基因不断向下穿透，并得到最充分的表达、最广泛的传承，持续激发红色基因的旺盛生命力。

要持续强化红色基因的引领赋能、实践运用。各级党组织和党员干部要对照发展新质生产力和功能性改革的要求，站在落实中央部署、推进事业发展的高度，深入研究和思考新时代如何增强华润核心功能，提升核心竞争力，找准工作发力点，进一步深化改革和赋能，不断丰富和实践"1246"模式，引领促进集团多元化业务良性演进，整体效率效益持续提升，努力在以科技创新推动产业创新上实现突破，在推进新质生产力产业应用上实现突破，在形成与新质生产力相适应的新型生产关系上实现突破，为全面推进中国式现代化作出新的更大贡献。

2024年6月20日

　　《红色华润》一书于2010年4月出版，至今已经重印九次。该书出版后，笔者仍在不断搜集华润史料，在第二版中增添了一些新的史实。

　　2014年在全国反腐倡廉的大潮中，华润经历了大浪淘沙的考验，之后，50万华润人继续扬帆远航，创造出辉煌业绩。在国资委年度考核中，华润集团已连续十余年获得A级，任期考核评级亦为A级，被授予"业绩优秀企业"称号。

　　华润集团2010年开始申报《财富》世界500强，当年即进入，排名第395位，之后连年大幅攀升，2011年位列第346位，2012年位列第233位，2013年位列第187位，2014年位列第143位，2015年位列第115位，2016年跃升至第91位，2017年位列第86位，八年中排名上升了309位。

　　2016年，集团实现营业额5034亿元人民币，同比增长4.6%；利润总额483亿元，同比增长9.9%；净利润338亿元，同比增长13.3%。截至2016年底，集团总资产11000亿元，较上年底增长10.6%。

　　2018年是华润80周年华诞。80韶华，这是一个值得庆贺的年岁。

　　自1938年起，在抗日战争、解放战争和朝鲜战争中，华润人在党的领导下，坚持做好了两件事情：贸易支前和统战工作。华润人突破封锁线，用海外贸易支援前线将士的武装斗争，并在经济工作中兼顾统战工作——团结一切爱国商人，保护民主人士和文化名人，保护在港国营企业等等，为了新中国的诞生，华润人殚精竭虑乃至献出生命。

在和平年代，华润前辈廉洁自律，一直把国家大局放在首位，在各个历史阶段都做出了独特的贡献。

本书记录了1938至1983年共计45年的华润史，在此，笔者怀着虔诚的心情：

向80年来所有在华润工作过的华润人致以深深的敬意。华润精神必将永载史册。

向80年来所有与华润合作过的公司和朋友们致以深深的感谢。

向80年来所有华润的顾客致以深深的感谢。

祝华润集团在未来的岁月里，守正出新，锤炼人才，持续发展，为伟大的祖国做出更大的贡献。

2017年7月7日

目　录

第一阶段

战争年代的华润

1938年，华润公司的前身"联和行"在香港诞生，1948年改名为华润。

从1938年到1953年，在15年的时间里，我国经历了抗日战争、解放战争和抗美援朝战争。

联和行（华润公司）在党中央的领导下，用贸易支援前线，冲破敌人的重重封锁，完成了中央赋予的各项使命。

经济工作包括：

抗日战争时期，在海外华侨和港澳同胞中募捐，支援八路军、新四军。

解放战争时期，开展进出口贸易，支援前线，支前的脚步从东北一直延续到华北、华东、华南（包括海南）、西藏。华润的船队成为我党领导的一支重要的海上运输力量。

抗美援朝时期，冲封锁、反禁运，为志愿军采购药品，为新中国采购急需的工业原材料等生产资料和药品。那时，华润船队已经穿越了东半球。

这期间，华润为新中国培养了一批批懂经济的干部。

这一时期统战工作的特点：

团结海外华侨和港澳同胞，这是贯穿始终的工作；香港沦陷后，在民主党派和文化名人三次大流动过程中，华润都承担了保护、护送、安置的任务；后来，又把统战工作扩展到国民党领导的企业中（如招商局、民航）。

这一时期的主要负责人：

创始人：杨琳，1938—1949年任总经理；1949—1952年任董事长。

董事长：钱之光，1948—1949年在任，回北京后仍兼任华润"港管委"委员，至1952年。

第二任总经理：李应吉，1949—1952年在任。

第一章 创建联和行

杨琳

1937年，抗日战争全面爆发。作为国共合作的一个重要标志，蒋介石允许我党在国统区建立"八路军办事处"。周恩来与英国驻华大使阿奇博尔德·克拉克·卡尔协商，希望能在香港设立"八路军驻香港办事处"，得到卡尔的认可[1]。1938年1月，我党派廖承志等去香港筹建"八路军香港办事处"。秦邦礼也成为香港八路军办事处最早的成员之一。

1938年1月，香港八路军办事处成立，办公地点设在香港皇后大道中18号，对外挂牌是"粤华公司"。廖承志主持工作，日常事务负责人是连贯，潘汉年参与领导。工作人员名单如下：

杨琳（秦邦礼）、冯劲特、李默农(李少石)、杜埃、张唯一(秘密战线上著名的"老太爷")、陈永生、林青、罗理实（罗乃全、李实）、黄秋耘、梁上苑、康一民、熊志华、潘柱、李静、余明、蔡淡香（张淑芳）、钟路、高直、谭乐华。[2]

---

[1] 中共中央文献研究室编：《周恩来年谱》，中央文献出版社，1998年。

[2] 《八路军新四军驻各地办事机构（4）》，解放军出版社，1999年，第865页。

当时的香港基本上是一个转口港，航运业比较发达，工业活动主要是修船和造船，人口150万。由于中国内地爆发了抗日战争，许多资本家为了避免战乱而把工厂迁到香港，于是制造业逐渐发展起来。内地的一些银行，包括当初开在上海的外国银行，也陆续搬到香港。1938年的香港成为相对和平的大后方。

1938年春秦邦礼一家在上海

香港八路军办事处的使命主要是：在海外华侨和港澳同胞中募集资金和物资，支援八路军、新四军抗日。

为了妥善保管募集到的资金和物资，并顺利送到抗日前线，香港八路军办事处决定：成立一个相对独立的合法公司，由这间公司开办银行账户，办理仓储和运输业务。

这项任务交给了秦邦礼。

经过一番调查和准备，秦邦礼在1938年夏秋之交开办了"联和行"（Liow&Co），公司设在香港干诺道中，注册资金为两万美元[1]。

联和行就是华润公司的前身。

秦邦礼初到香港时叫杨廉安，在无锡方言里"联和"与"廉

---

[1] 王烈：《钱之光传》，中国文联出版社，1993年，第143页。

安"发音相近，公司的名字与他个人的名字相关联，看上去这家公司更像一间私人公司。这个名字是经过中央有关部门和武汉八路军办事处"长江局"批准的。同时，秦邦礼还有一个电报用名，叫杨琳。

钱之光回忆说："实际上，这是我们设在香港的一个海外经济联络点。这件事知道的人很少。"①

秦邦礼是博古（秦邦宪）的弟弟。博古在20世纪30年代初期曾任中共中央总负责人。

1938年于香港。后排：杨琳母亲、妻王静雅，中排：秦钢、秦福铨、秦文、前排：秦铭

这张照片摄于1938年，香港湾仔。照片里的老人是杨琳的母亲，还有他的夫人王静雅，左边的男孩是博古的儿子，从1933年初博古到瑞金以后，这个孩子一直由杨琳抚养。另外两个男孩叫秦福铨和秦铭，小女孩叫秦文，她出生于1933年，此时5岁。

一家人在一起，便于掩人耳目，也方便对外交往。

杨琳开办的"联和行"是香港八路军办事处下属的一个秘密机构，二者办公地点相距几百米，便于联系，也便于隐蔽②。

何香凝、宋庆龄此时都住在香港，廖承志利用她们的特殊身

---

① 《八路军新四军驻各地办事机构（4）》，解放军出版社，1999年，第138页。
② 铁竹伟：《廖承志传》，人民出版社，1998年。

份开展募捐活动。1938年6月14日，在香港八路军办事处的安排
下，"保卫中国同盟"在宋庆龄家里成立。

保卫中国同盟（简称"保盟"）是建立在国共合作基础上的
一个机构，其援助的重点就是抗日游击队，客观上说，就是八路
军和新四军。当时国共合作抗日，蒋介石对宋庆龄这样做也无法
反对。

从1938年3月到1941年12月，香港八路军办事处代表我党，
在宋庆龄、何香凝的配合下，在香港及世界范围内开展了大规模
的抗日募捐活动。

当时的募捐活动主要由宋庆龄出面，具体工作则由香港八
路军办事处组织安排。也就是说，抗日战争时期，那场轰轰烈烈
的、波及全世界的、长达几年的抗日募捐活动，实际上是在我党
领导下进行的。这里面，廖承志功不可没，香港八路军办事处功
不可没，秦邦礼同样功不可没。

华侨的捐款大部分由香港大英银行代收，存入联和行的
账号。

募集到的物资则先存放在保卫中国同盟租的两个仓库里；再由
联和行安排，送到武汉、重庆的八路军办事处，然后分批运往八路
军、新四军的抗日前线①。

日本侵略军肆意屠杀中国无辜的百姓，引起全世界爱好和平
的人们的强烈不满。世界许多国家都伸出了援助之手。同样，港
澳同胞、东南亚乃至世界各地的爱国华侨也纷纷解囊，为了抗日
救国，中国人民空前团结。在宋庆龄、何香凝的倡导下，大家纷
纷捐款捐物。当时香港人的收入也很少，普通警察的月薪只有十
几元到二十几元港币，老百姓更是艰辛。尽管如此，为了抗击日
本侵略者，大家都表现出极高的爱国热情。

---

① 尚明轩：《宋庆龄年谱长编》，北京出版社，2002年，第519页。

1938年冬天，新四军提出需要药品和过冬用的毛毯。香港八路军办事处和"保盟"一起研究，由宋庆龄出面，发起募捐"两万条毛毯和药物"的活动。香港同胞热烈响应，或捐款或捐物，很快就凑齐了所需物品，还增加了手术器械和文化用品①，送到了皖南。1939年，"保盟"还出资委托西北制作10万件棉衣，送到西安八路军办事处②。

宋庆龄还倡议举行义卖活动。到1939年4月，共募集中国工艺珍品4500多件，包括象牙、玉器等，先后运到伦敦、巴黎、纽约举行义卖，何香凝捐出绘画参卖。义卖收入全部捐给八路军③。

香港八路军办事处组织的规模最大的一次活动当属"一碗饭运动"。1941年7月1日晚，宋庆龄在香港湾仔举行"一碗饭运动"典礼仪式，成千上万的香港同胞聚集在马路上，一是要一睹宋庆龄的风采，二是要为此次募捐活动提供捐款。宋庆龄号召大家，捐出购买一碗饭的钱，支援抗日。9月1日，"一碗饭运动"结束典礼，何香凝在讲话中高度赞扬香港人民，要求香港的华人团体继续援助祖国的抗日战争。

"保盟"还为陕甘宁抗日根据地捐助了配备流动手术室的大型救护车、大型X光机，前后送去了数十名外国医生。这些大夫在各个根据地开办了数十所国际和平医院，救治了大量伤员④。

据不完全统计，从1938年夏到1941年秋，在三年多的时间里，通过香港送往延安等地国际和平医院的卡车达30余辆。香港、澳门、菲律宾、新西兰等地捐款约500万美元；捐赠物资、医疗器械、药品约120多吨，平均每月送出3吨⑤。保卫中国同盟

---

① 铁竹伟：《廖承志传》，人民出版社，1998年。
② 尚明轩：《宋庆龄年谱长编》，北京出版社，2002年，第521页。
③ 同上书，第491页。
④ 铁竹伟：《廖承志传》，人民出版社，1998年，第175页。
⑤ 李湄：《梦醒——母亲廖梦醒百年祭》，中国工人出版社，2004年。

主办了一份报纸叫《保盟通讯》，第25期中有这样一份报道：
"这次的物资主要是运往五台山和陕西北部的，共有5吨医疗物资，其中包括11箱外科器械和战场手术设备，2箱麻醉剂，2箱外科手套和器材，1箱牙科材料。"[①]

除香港人民及海外华侨的捐助外，国际友人也伸出了友谊之手，他们通过各种渠道把捐款送到我抗日前线。

"中国人民之友法国协会"1938年9月捐款50万法郎[②]；英国"工合"一次捐款10万英镑；美国各界友人和华侨三年捐款达一千多万美元[③]。

"工合"全称为"中国工业合作协会"，在周恩来和秦邦宪、艾黎、斯诺的倡导下，1938年8月成立，在香港成立了"工合"国际促进委员会，香港英国主教何明华任主席，宋庆龄为名誉主席。"工合"也募集到大量物资和资金。

募捐活动往往声势浩大，尤其是宋庆龄亲自出面的时候，香港街头万人空巷。在这样的环境中，廖承志无法避免地也成了公众人物，加上"香港八路军办事处"本身就是一个公开的组织形式，是经过港英政府批准的，所以，他们的活动几乎是公开化的。公开化，潜在危险就大。

与募捐相反，对于募集到的物资和资金，保管与运送则需要绝对保密。原因是，其一，香港聚集了来自各国的特务分子；其二，从香港到延安，沿途军阀混战，地痞流氓横行；其三，国民党右翼势力破坏国共合作。

联和行作为一个秘密机构，承担起保管和运送这些物资、

---

① 刘家泉：《宋庆龄在香港》，中共中央党校出版社，1997年。
② 尚明轩：《宋庆龄年谱长编》，北京出版社，2002年，第490页。另据任贵祥：《华侨与中国民族民主革命》，中国编译出版社，2004年。
③ 中共中央文献研究室编：《周恩来年谱一八九八——一九四九》（修订本），中央文献出版社，1998年，第575页。

资金的重要使命。杨琳经历过上海地下斗争的考验，行动十分谨慎，这种谨慎绝不是多余的。

1939年3月13日，港英警察突然查封香港八路军办事处的"粤华公司"，连贯等5人被捕。

14日和16日，廖承志致电中共中央，汇报此事[①]：

> 昨上午粤华公司被搜查，连贯在其家中被捕。
> （搜查粤华的原因）1、田中到港，与当局接谈；2、上海英当局之退让；3、两个月来港政府对6个救亡团体加紧警告和检查，4、三八节群众动员规模大了一点，并孙夫人公开演讲，骂英帝国投降法西斯。
> （教训）此次最大教训警惕性不够，公开方面与秘密关系方面混，弄不清楚。正与（潘汉）年、梁（广）会商改善中。

后经宋庆龄及国际友人营救，50多天后连贯等方得获释[②]。

杨琳在自传中写道："1938年夏，我奉命到香港工作，当时的主要任务是配合宋庆龄的保卫中国同盟进行募捐工作及接收和转运海外华侨的捐款捐物；在华侨中做统一战线的工作；为八路军、新四军采购西药、无线电器材和交通器材等；还经常回重庆、西安、武汉，把各办事处得到的外币捐款随身带回香港，兑换成国币汇回国内。"[③]

在这段时间里，根据周恩来的指示，杨琳及其联和行出色地完成了如下工作：

---

① 《八路军新四军驻各地办事机构（4）》，解放军出版社，1999年，第734页。
② 尚明轩：《宋庆龄年谱长编》，北京出版社，2002年。
③ 引自杨廉安"自传"。

其一，兑汇工作。

世界各地汇到香港的捐款由联和行兑换成国币，杨琳亲自送往延安。同时，西安、武汉、重庆等地的八路军办事处也将各自收到的捐款外币交给杨琳，由他随身带到香港，兑换成国币，再送回国内。这段时间里，他经常往返于港、汉、渝之间，有时以阔商身份出现，乘坐飞机；有时也装扮成小商小贩，挤火车、汽车。

其二，接收、转运慰劳品。

由于香港八路军办事处、保卫中国同盟和"工合"都属于合法的办事机构，所以，由他们出面募捐所得到的物资也是合法的。但是，如何把这些合法物资运出香港并安全送到八路军和新四军的抗日前线，并不是一件容易的事。

初期运输工作好做一些，办事处及杨琳等率人在香港装卡车，经广东北上，国民党军队沿途检查，看到是宋庆龄"保盟"的物资，一般都放行。1938年5月至8月，北上运送物资都是经过广州。有这样一个例子：

"纽约华侨衣馆联合会"捐款购买的2辆救护车，从香港九龙出发，经广州于8月11日抵达武汉。叶剑英、钱之光等代表我党接受礼物。车是1938年最新的"雪佛兰"，车内有供重伤员用的床位3个，座位6个，还有电扇。车壁上写着："献给第八路军忠勇守土将士"[1]。

海外华侨百年来一直深受屈辱，是抗日战争让他们看到了祖国的希望，因此，抗战开始后，他们在国外联合起来，积极募捐，支援前线[2]。

1938年10月21日，日本侵略军占领广州（但没有进入香

---

① 1938年8月11日《新华日报》。
② 1938年8月6日《新华日报》。

港），国民党军队随即撤退。此后，八路军办事处运送物资的车队就不能走广州这一带了。

为了开辟新的交通运输线，周恩来派李克农到桂林建立八路军办事处，1938年11月建成。周恩来多次到桂林，此时，白崇禧驻守桂林，周恩来曾与他见面。不久，贵阳交通站建成。这样，沿"西江"开辟了香港——（梧州）桂林——贵阳——重庆交通线[①]。

杨琳和办事处的同志们多次通过这条线路运送物资。1938年12月，他们把130箱药品和医疗器械用小船"河运"往桂林[②]。1939年1月抵达，28日，桂林八路军办事处举办淞沪抗战七周年纪念大会，同时欢迎运送物资的香港代表[③]。

1938年12月，形势进一步恶化。为了确保运输工作万无一失，还要开辟新的交通线。廖承志在香港致电桂林的李克农："可否经越南转运？"并派罗理实、张淑芳夫妇从香港去越南的海防建立交通站[④]。

越南印度支那共产党领导人胡志明同志（化名胡光）去苏联开完"共产国际"会议，回国途中路过桂林，就住在桂林办事处。李克农跟胡志明商量，请他帮助。胡志明听后，当即表示愿意帮忙。

罗理实（原名罗乃全，又名李实）1911年出生在粤东高陂镇，16岁被聘为高陂小学教师。1922年加入共青团。1928年加入共产党。

张淑芳（原名蔡淡香）是客家人，1913年出生在大埔洲。11岁丧父，家境破败，她被送到罗姓家里当童养媳。12岁丧母。婆

① 《周恩来年谱》，中央文献出版社，1998年，第436页。
② 《八路军新四军驻各地办事机构（4）》，解放军出版社，1999年，第846页。
③ 南方局党史资料征集小组编：《南方局党史资料大事记》，重庆出版社，1986年。
④ 《八路军新四军驻各地办事机构（4）》，解放军出版社，1999年，第845页。

婆善良，让她继续读书，她成为罗理实的学生。1927年加入共青团。1930年入党。

1927年南昌起义时，周恩来、朱德、叶挺、贺龙等组成前敌委员会，南下广东。中共大埔县委于9月组织了策应叶贺军的高陂暴动。罗理实和张淑芳都参加了暴动。第二次高陂暴动失败后，罗理实和张淑芳随部队向不同的方向行进，进入大山打游击，经历了两年多的游击生活。

之后，罗理实南下新加坡和马来西亚，曾任马共中央宣传委员会委员。

1931年，张淑芳送信回来，发现我党秘密机关被破坏。她与组织失去联系。后南下香港。1933年春，罗理实与张淑芳在香港一家酒楼意外重逢。不久二人结婚。

1936年，中共香港市委恢复。罗理实经过党组织的考察，恢复党籍。1937年，张淑芳也得以恢复党籍。党龄连续计算。

1938年6月，罗理实奉命到汉口参加中共中央长江局学习班（武汉八路军办事处）。周恩来亲自为学员讲课。他们学习了毛泽东的《论持久战》。随后，罗理实和张淑芳都成为香港八路军办事处成员。张淑芳负责刻蜡板并油印《华侨通讯》。

1938年12月，罗理实和夫人张淑芳带着孩子从香港乘船抵

左起：程思远、郭德洁、罗理实、李宗仁

达越南的海防。

海防港口隶属于法国。法国海关人员工作懒散，办理提货手续很慢。英国运往中国红十字会总部的救护车，被拖半个月才放行。罗理实开始交往会讲法语的朋友，结识了乔丕成。乔曾留学比利时，参加了周恩来发起成立的旅游少年共产党，此时在海防市政部门任督察。他用法语与海关人员交流，帮助罗理实提货，顺利完成了交通站成立后的第一次工作①。

1938年12月，德国友人王安娜博士受周恩来和宋庆龄委托，也到海防。他们共同以"宋庆龄保卫中国同盟"的名义，办理提货和运输。

在海防，大批抗战急需的物资，被一次又一次地运送到中越边境线，再转运到抗日前线。据文献记载，1939年5月，杨琳运送了一大批物资和20名华侨青年到达海防。

1939年5月6日，桂林的李克农把去越南转运物资的任务交给了邱南章、殷承祯、龙飞虎三人，又挑选了杨汉章、吴宗汉、朱友学、李泽纯四人为押运副官，还有十几名司机。

他们开车从桂林出发，一直开到了越南北部的同登。再派人去河内，与胡志明同志取得了联系。在胡志明的帮助下，他们与从香港来的罗理实夫妇会合，并在海防港安顿好了驻地。此后，他们开辟了滇越公路，滇越线是：河内（海防）——镇南关（友谊关）——南宁（桂林）——贵阳。

这是他们运送物资的第三条运输线路。

几天后，杨琳从香港乘船到达海防，跟罗理实、邱南章等接上了头，商量好运输计划后，杨琳返回香港。

---

① 采访罗理实之子罗建文、儿媳汤群。日军占领海防后，乔丕成到西南联大任教；全国解放后，在北京钢铁学院当教授。1951年，罗理实任华南分局统战部秘书长。张淑芳在北京燃料工业部办公厅工作。1956年，罗理实当选为中华全国归国华侨联合会副主席。

　　杨琳回到香港就开始准备物资，并装船。物资很多，其中包括：运输车10辆（大道奇牌3辆，小道奇牌3辆，福特牌3辆，雪佛兰牌1辆）；医疗器材、药品，如X光机、显微镜等；无线电零件、电子管、电线、灯泡、广播器材、发电机等；衣物、被服等20多个大木箱。

　　还有准备回国参加抗战的港澳同胞和爱国华侨近20人，他们来自新加坡、马来西亚、菲律宾、泰国和香港，其中有4位女士，学过一些伤员护理。男士大部分是技术人员和汽车司机，如林荣耀、李兴、耘田、梁阿应、何振邦、邱泉水等[1]。

　　从香港到越南，再到中国，这一路要经过海运、陆运、河运、翻山越岭，货物会反复装卸。为了装卸方便，杨琳要求大家把包装箱打得尽量结实些，还要大小适中，好抬好搬。

　　为了避免国民党哨卡在检查时找麻烦，他们把电讯器材等战略物资的外包装拆开，而后把器材装进衣物、被子、军毯、鞋袜等救济物资的木箱里。

爱国华侨捐献给八路军办事处的汽车

---

[1] 《八路军新四军驻各地办事机构（4）》，解放军出版社，1999年，第392页。

他们把物资装上船，从香港向越南航去。到越南的海防后，卸船，再装车，陆运。他们运回的物资加上邱南章买的路上用的汽油机油等，共装了50多卡车。

从1939年5月上旬到9月18日，经过三个多月的长途跋涉，他们克服重重困难，将全部物资安全运抵桂林办事处。再经河池到贵阳，到重庆，最后送到了延安①。

在滇越交通线上，杨琳和战友们曾数次运送物资。10月，又运回一批，包括：卡车20辆，小车2辆，药品若干，华侨青年22人②。

1939年9月，日军轰炸越南的河内和海防港，滇越交通中断。

为确保安全，廖承志和杨琳等不得不重新策划，改变运送方式，他们加入到滇缅运输线的行列中：从香港将货物用船运到大鹏湾，绕道缅甸，经云南，再到贵州，送往重庆。滇缅运输线在国际友军的帮助下，在南洋1000万华侨的支持下，成为一条钢铁运输线。

罗理实夫妇于1940年2月返回香港八路军办事处。1941年7月罗理实被派往菲律宾工作。12月太平洋战争爆发后，张淑芳继续留在香港，她先后在连贯、刘少文、梁广的领导下工作，还照顾过李少石的母亲。1951年初，经饶彰风安排，罗理实和张淑芳在北京重逢。

杨琳及其联和行通过我党领导的地下交通站，通过沿线各八路军办事处，很好地完成了运输工作。

香港八路军办事处向延安输送爱国华侨和港澳同胞总计超过1000人，其中包括很多司机和医护人员。

其三，采购西药、无线电器材、交通器材等。

先说买药。

---

① 《八路军新四军驻各地办事机构（4）》，解放军出版社，1999年，第390页。
② 同上书，第850页。

香港同胞所捐药品大多为日常民用药物，所以，杨琳还要根据前方需要采购治疗枪伤的手术器械和药品。为了采购药品，杨琳与香港新亚药厂许经理和杜先生成为朋友，杨琳曾建议他们向英国的B.D.H药厂订货，赚了钱。许经理发现杨琳很会做生意，便邀请他担任该厂董事。杨琳以药厂董事这个身份采购药品，即使数量较大也不会引起港英政府的怀疑。他所采购的药品大多用于治疗枪伤，许经理并不过问，他比较爱国，在暗中帮助杨琳。从1938年直到解放以后，他们一直保持着友好关系[①]。

此外，杨琳和上海帮的纱厂老板吴先生也成了朋友，通过吴老板购买了许多药棉、纱布。

再说采购无线电器材。

随着抗日战争的深入发展，我党领导的抗日根据地也在一天天扩大，对无线电通讯器材的需要量不断增加，杨琳及其联和行经常要采购无线电器材。为了完成任务，他与香港灿华公司建立起合作关系，还常把灿华公司的写字间作为自己的办公地点。从1939年到1941年12月，在近三年的合作中，做了很多生意。1940年初，在灿华公司，杨琳结识了公司会计黄美娴，通过黄美娴又与怡和洋行董事许先生交上朋友。

黄美娴出生在上海，祖父是墨西哥华侨，在墨西哥有果园农庄，还建立了华侨子弟学校。她父亲大学毕业后回到上海做律师，后做建筑商，家境很好。她毕业于美国伊利诺大学，主修商科，并在辛辛那提音乐学院学过钢琴，文雅多才。她的叔叔和婶母一家在香港。她的第一语言是英语，不会讲普通话，也不会粤语。但她会说上海话，因此喜欢用上海话跟杨琳谈业务。他们就成了朋友。

---

① 1948年新亚药厂还为我游击区捐赠药品。见《从第三厅到文化工作委员会》，阳翰笙，《中共党史资料》第40辑。

通过灿华公司与怡和洋行采购通讯器材，安全，质量也可靠。这些器材补充了部队的作战急需，提高了我军的通讯指挥能力①。

做无线电生意的尹老板与杨琳的交往一直持续了十几年。

再说购买交通器材。

我们所查到的资料显示，救护车和运输车辆都是华侨捐献的，因此我们已经无法核实杨琳及其联和行购买了什么"交通器材"，这四个字给我们留下了一个"谜"，也留下了无限的想象空间。杨琳于1968年"文革"期间去世，他对自己所从事的这些工作始终守口如瓶，以至于我们无从得知当时的情景。我们推断，当时运回去的车辆，有一些大概是香港八路军办事处购买的，跟那些募捐得到的车辆混在一起，所以，后人无法分清（在中央特别会计室的档案中会有记录，这些历史目前还没有公开）。

美国友人爱泼斯坦高度评价了香港八路军办事处的工作，他写道："这是中国共产党领导的抗日根据地冲破日本和国民党的经济封锁，进行对外贸易的创始活动之一。"②

杨琳在香港开公司做生意，手上有一些流动资金，当时我党的一些临时性开支也由杨琳支付。

1941年1月29日，中央领导人张闻天致电香港八路军办事处廖承志："望即购英文康勃莱其近代史或其他资产阶级学者关于欧美历史的书，分批寄来，需款均要杨琳付。"③从这份电报中不

---

① 网上资料：1938年至1940年，我军军委通信联络局局长王诤派申光先后三次去香港，在香港八路军办事处协助下采购通信器材。第一次采购到100部小型电台以及备份器材、40多部手摇发电机和一批电池。第二次采购到60余部电台的元器件和40部手摇发电机。

② 《八路军新四军驻各地办事机构（4）》，解放军出版社，1999年，第814页。

③ 中共中央党史研究室张闻天选集传记组编，张培森主编：《张闻天年谱》，中共党史出版社，2000年。

难看出杨琳在财经方面所担负的责任。

在这段时间里，联和行还接待过许多来香港看病和养伤的人士。

据杨琳的儿子和女儿回忆："那时候家里经常来人，叔叔或阿姨，用的都是化名，我们也搞不清是谁。我们知道的有刘群先，她是博古的妻子，她一来，奶奶好高兴。为了安全，她的住处是经常换的，我们几个孩子轮流陪她住，打掩护。"1939年底至1940年初，刘群先养好伤以后去了苏联，1941年在德军轰炸莫斯科时遇难。

香港八路军办事处及联和行还接待了高士其①。

1927年高士其在美国芝加哥大学获得学士学位。1930年回国，开始写作科普小品文，如《菌儿自传》《抗战与防疫》等。1937年8月奔赴延安，受到张闻天、毛泽东的关心。1939年春季，高士其病情恶化，中央决定派人护送他到香港治疗。在重庆转机，叶剑英和钱之光为他送行。二人把50港币和一封介绍信交给高士其，信是写给廖承志和杨琳的。

高士其抵达香港的第二天，杨琳和连贯就去看他，送他去玛丽医院特等病房住院。其间他的堂弟高士融去看过他（巧合的是，十年以后，高士融成为华润员工，这是后话）。

接待刘群先、高士其只是联和行大量接待和掩护工作的两个例子。

杨琳经手的款项很多，但是，他开销节俭，账目明细。当时党内已逐步形成了一套比较完备的财会制度，据刘少文②回忆：

---

① 《高士其全集（5）》，航空工业出版社，2005年。高士其为我国著名的科学家、科普作家、教育家。

② 刘少文，土地革命战争时期任中共中央翻译科科长，参加过长征。抗日战争时期任八路军驻上海办事处秘书长、港澳办事处处长、南方局组织部主任秘书。解放战争时期，任中共上海工作委员会副书记，中共中央社会部副部长。

"1940年下半年，我到香港，查过他的账目。"①杨琳的账目很清楚，家人开销非常节俭。他们租的房子很小，三代人挤在一个单元里，沙发是两用的，每天晚上拉开沙发就是床②。

1941年12月8日，太平洋战争爆发，同一天，日本飞机轰炸香港，10日，日本侵略军占领香港启德机场。

至此，他们在香港的募捐工作告一段落。

周恩来在重庆致电香港八路军办事处，命令他们帮助宋庆龄、何香凝以及在香港的文化名人迅速转移。

---

① 华润公司档案资料（第二馆）。
② 采访秦文录音。

第二章　香港沦陷后坚持经营

1941年12月8日，日本飞机轰炸香港；10日，日本侵略军占领香港启德机场，3万多日军进入香港的新界。

周恩来在重庆致电香港八路军办事处廖承志、潘汉年等[①]：

> 将困留在香港的爱国人士接至澳门转广州湾然后集中桂林。
>
> 派人帮助孙、廖两位夫人(即宋庆龄、何香凝)和柳亚子、邹韬奋、梁漱溟等离港。
>
> 存款全部取出，一切疏散和帮助朋友的费用均由你们开支。

香港居住着800余名民主人士和文化名人。

在南方局方方和八路军办事处廖承志、连贯、乔冠华等人指挥下，香港八路军办事处和东江纵队开始了抗战以来第一次空前的营救行动。

日军进入香港后，杨琳嘱咐家人到香港半山的一所学校里躲避，他自己则投入到营救文化名人和公司善后处理等工作之中。香港八路军办事处的经费以及募集到的资金相当一部分集中在联和行，他要把那些钱取出来，不能有一点闪失。另外，营救800多人，车船费、食宿费都需要钱，周恩来指示，所有费用由八路军

---

① 中共中央文献研究室：《周恩来年谱一八九八——一九四九》（修订本），中央文献出版社，1998年，第536页。

办事处承担。

在杨琳忙于营救他人时，他的妻子王静雅承担起保护家人的重担。

此时杨琳的母亲正患眼疾，几乎双目失明。刚刚出生的小儿子不满一岁。他的妻子王静雅柔弱却刚毅，她在家里一直准备着两只箩筐，紧急时刻就把东西装进箩筐，挑起箩筐就算搬家了。在上海，在香港，为了安全，他们经常搬家，她已经习惯了自己搬家，也知道杨琳在忙于革命事业，危险的时刻，杨琳能脱险就是她的最大愿望。这次又是如此。王静雅把幼小的儿子放在箩筐里，一头挑着孩子，一头挑上生活必需品，搀着小脚的婆婆，领着两个儿子、一个女儿、一个侄子，七口人离开了家，老少三代沿着香港陡峭的山路走向半山的一所小学校，那里离海较远，在日军炮火轰炸时相对安全些。他们在那里等杨琳来接他们。香港人都在逃难，学校已经停课，商店全部关门，他们带的食品不多，处境也十分危险。

一天夜里，有人敲门，是杨琳派来的一名地下党员，一家人跟着他在夜色的掩护下离开了那所空荡荡的学校。王静雅还是挑着那副担子，两个箩筐，一头是儿子，一头是生活用品，他们老少三代，走下山坡，走到海边的码头，上了船。船上挤满了逃难的人，王静雅一家人挤在其中，开始了逃难历程。他们一家人随船南下湛江，湛江当时是法国租借地，相对安全。此后，王静雅带着一家人就在湛江留了下来，直到抗战胜利。在那几年里，他们与杨琳不曾见面。

八路军办事处和东江纵队相互配合，在很短的时间里将800余名民主人士和文化名人转移到内地和海外。日军拿着名单也在搜捕这些爱国人士，但是一个也没抓到[1]。

---

[1]《胜利大营救》，解放军出版社，1999年。

日军占领香港后，烧杀抢掠，无恶不作。英国驻港部队退守港岛，抵抗至25日，在牺牲1200人后，宣布投降。香港人民陷入空前的灾难。难民流离失所，香港人口锐减。

1942年春，香港八路军办事处撤到广州。此时蒋介石破坏国共合作已经公开化。由于叛徒出卖，广东地区地下党组织受到严重破坏，数十人先后被捕。5月30日，廖承志等7人被捕[①]。

在香港募捐的三年半时间里，廖承志几乎处于半公开状态。由于他是何香凝之子，他的身份难以保密，很多人认识他，加上他性格开朗，语言幽默，结交了许多朋友，这有利于募捐，但同时也增加了危险性。

杨琳和他的联和行没有暴露。

廖承志被捕后，杨琳携带着一笔款项秘密离开广州，他要去重庆，要把这笔经费交给党组织，并汇报南方地下党所遭受的损失。

他穿着特制的马甲，马甲上缝着许多小口袋，他把钱卷成小卷儿，塞进一个个小口袋。马甲贴身穿在里面，外面再穿上衬衣和外套，这样藏钱不易被发现。

日军到处烧杀抢掠，难民无数，交通中断，从广东经广西桂林等地到重庆，他走了近半年的时间，沿途经历了难以形容的危险。由于交通瘫痪，杨琳经常是徒步行走。在路上，他遇到一群和尚，为了安全起见，他也扮装成和尚，一路化缘。尽管他的身上带着很多钱，可那是党的经费，不可随意用来做个人的生活费。从春季走到深秋，他没动那笔钱，一分都没花。

经过一路周折，直到1942年10月，杨琳才到达重庆。在重庆，他见到了周恩来，把随身携带的款项如数交给周恩来的特别

---

① 铁竹伟：《廖承志传》，人民出版社，1998年，第191页。此后廖承志一直被关押在国民党的监狱里，直到抗战胜利后的1946年，毛泽东到重庆谈判时提出释放廖承志的要求，蒋介石才不得不放人。周恩来亲自到歌乐山接他。

会计袁超俊，这笔款后由钱之光转送到延安①。

杨琳向周恩来及负责南洋组织工作的负责人详细汇报了香港的情况。

皖南事变后，国民党政府要求我党撤销除重庆、西安两地以外的所有八路军办事处。为了保住白区的党组织，中共中央制定了"隐蔽精干，长期埋伏，积蓄力量，以待时机"的方针，各办事处身份比较公开的干部撤回延安，身份未暴露的干部转入地下斗争。

杨琳在重庆八路军办事处工作了几个月，由于他的身份没有暴露，1943年春，周恩来找他谈话，让他回到华南一带继续经商，周恩来指示杨琳："利用合法（方式），争取社会地位，积蓄力量。"②

杨琳回到广东后，他的公开名字从杨廉安改为杨琳。杨琳这个名字成了他后半生的正式名称，解放后一直沿用，直到去世，他的小儿子也因此姓杨，不姓秦。

抗日战争已进入战略相持阶段，在广东、香港和海南，我党领导的东江纵队坚持敌后游击战，太平洋战争爆发后，东江纵队在方方和林平指挥下，迅速壮大。据不完全统计，东江纵队对日军、伪军作战1400余次，有效地打击了敌人，保护了广东及香港地区的人民③。方方、林平一直与周恩来保持着电报联系。

抗日前线需要大量物资，轮胎、药品尤为短缺。杨琳决定做轮胎生意。他悄悄回到广东、香港，打理联和行，重新雇工，让公司的经营活动开展起来。然后，他在曲江（今韶关）开办庆生行，又在桂林开办苏新建筑材料工厂和协成百货公司，通过香港—曲江—桂林之间的贸易、加工和零售获取利润。

① 华润集团档案馆资料（第三馆）。
② 华润集团档案馆资料（第三馆）。另见杨琳"自传"。
③《东江纵队志》，解放军文艺出版社，2003年。

桂林八路军办事处已被破坏，地下党的活动异常艰难，杨琳通过开办公司，逐渐聚集了一些党员，也团结了一些爱国人士。他聘请当地雇员，通过公开合法的商业活动，为我党提供经费。

就在1943年春季，杨琳回到桂林不久，拜见了在桂林避难的何香凝老人。自从太平洋战争爆发，他们分别已经一年半了，廖承志此时还在狱中。杨琳的到来使老人家感到欣慰，他们一起回忆在香港募捐的日子，老人高兴，欣然作画并题字：

皎洁无尘石作家，
枝清叶净弃繁华。
前生根种株篱下，
却被人称富贵花。
三十二年春为廉安先
生画

　　何香凝印

这首诗看似是在赞美花，其实何尝不是对杨琳的赞誉。

杨琳回到广西后不久，与香港灿华公司会计黄美娴取得了联系。黄美娴也在广西，赋闲在家，教叔父的女儿弹钢琴。黄美娴的叔父是国民党广西省政府的民政厅长，对黄美娴多有关照。杨琳请黄美娴到桂林，在公司当会计。

黄美娴的加盟无疑给杨琳增加了一个保护伞，由于她叔父的关系，一则可以扩大经营，二则又能避免国民党特务的破坏。战争年代货物奇缺，有钱也买不到货，杨琳熟悉香港，他的进货渠道比别人宽得多。百货公司生意红火，出口桐油、进口轮胎的生意也挣到不少钱。杨琳将营业所得通过地下党的渠道上交给党组织。

1944年9月，日军进攻桂林，桂林沦陷，杨琳的三家公司都被日军查封，百货店被抢，商品被没收。杨琳紧急致电中央，汇报情况，他说：公司"损失甚大"。幸好人员没有伤亡。

日军在桂林烧杀抢掠，杨琳率部分员工离开桂林，开始了再次逃难的历程。同行的人员中有黄美娴等，另外还有一位姓熊，是地下党员，他一直没有离开杨琳。

之后，杨琳等辗转到了平乐、昭平、八步。在八步住了一段时间，为了生存和发展，他们开了一家小型百货店。

在逃难的过程中，杨琳多次密电中央和重庆八路军办事处，报告自己的避难地点，但是由于居无定所，无法得到回电。

战争就在身边，死亡随时会降临，这种情况下的友情弥足珍贵。杨琳与黄美娴在逃难的相互关照中产生了爱情，他们结合了。

杨琳的妻子黄美娴在华润公司，摄于1949年

后来他们转到梧州，暂时安顿下来。杨琳在梧州、广州与香港之间经营桐油出口和百货进口，并继续经营轮胎生意。老百姓要生存，战争也需要商业的支持，他的联和行等几家公司发展很快。杨琳善于经营，黄美娴善于理财，加上其他可靠的战友，生意越做越大。杨琳时常回香港

办理公司事务，此时联和行的主要任务是办理出口和进口手续，出售桐油，联系进口货物，并负责兑换国币和外汇，结算账目。

战争年代主要是缺货，手上有货就能赚钱。

1945年8月，日本侵略军无条件投降。消息传来，杨琳万分激动，两年半隐姓埋名，终于等到了胜利的这一天。

杨琳不断致电中央，汇报公司经营情况，我们在档案馆查到了这样一封珍贵的电文，日期是1946年3月2日：

> 渝周（恩来）、王（若飞）、刘（少文）：
>
> 我顷抵港，前在八步、梧州寄上函电收到否？桂林沦陷时，损失甚大，和平后于梧粤仍经营业务，尚能得利。目前梧粤所存货物约值一千万元，现在业务仍在继续进行中，拟再建立一据点。今后工作方针，请速指示。①
>
> 杨琳

"渝"代指重庆。从电文中可以看出，此时杨琳有1000万元的货物，这不是一个小数字，那时钞票还没有贬值。另外，杨琳计划再建立一个"据点"，他用的是"据点"一词，就是说，他的公司和商场，既是商业机构，又是我党的联络站。

杨琳利用回香港办理业务的机会，找到了邓文钊，他曾任香港《华商报》董事长。

通过邓文钊，杨琳找到了老战友连贯。

1946年8月18日，杨琳和连贯接到一封电报，是周恩来通过延安发来的②：

---

① 华润集团档案馆（第三馆）。
② 《周恩来年谱》，中央文献出版社，1998年。

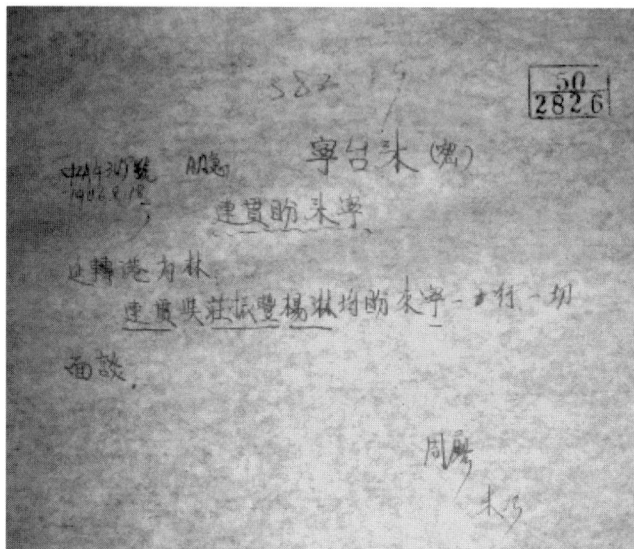

　　延转港方林：连贯庄振丰杨琳均盼来宁一行，一切
面谈。

　　"方林"指的是东江纵队的司令员和政委方方、林平，"宁"
指南京。

　　接到指示，杨琳喜出望外。很快，杨琳和连贯就乘飞机飞上
海，前往南京。三年半不见周恩来和重庆办事处的老朋友们，杨
琳迫不及待。

第三章 周公馆受命

1946年8月，杨琳和连贯从香港飞到上海。此时的上海笼罩在大战前的紧张气氛之中，国民党特务已经开始大肆屠杀我地下党员了，内战一触即发。

杨琳和连贯下飞机后没有找宾馆，为安全起见，他们住到黄美娴的弟弟家里，那里比较隐蔽。第二天，他们乘火车去南京，直接到梅园新村，见到了董必武、南京办事处办公厅主任钱之光和夫人刘昂，还有办事处秘书长刘恕、秘书科科长王华生等。

周恩来不在南京，他去了上海。杨琳和连贯在南京等了一个星期，接到周恩来的电报。周恩来让他们速到上海接受任务。

杨琳和连贯坐火车离开南京再去上海，在周公馆，他们终于见到了周恩来。

周恩来伸出双臂拥抱杨琳和连贯，并关切地问候杨琳家人的情况，问候杨琳的母亲是否健康。接着，周恩来谈起博古飞机遇难的事。提起哥哥，杨琳泣不成声[1]。

1946年4月8日，博古、叶挺、王若飞等乘坐飞机从重庆飞延安，途经山西黑茶山时，飞机失事，机上人员全部遇难。

从1933年1月博古离开上海去瑞金，十三年多，杨琳的母亲再也没见过这个儿子。周恩来又询问老人的生活，杨琳作了汇报。按照中央指示，联和行每月拿出800元：300元作为博古母亲和孩子的津贴，另外500元给叶挺的家属[2]。

---

[1] 连贯回忆。华润集团档案馆（第三馆）。
[2] 华润集团档案馆（第二馆）。

之后，杨琳和连贯分别汇报了香港的情况。

杨琳和连贯在周公馆住了两个星期，等着接受任务。形势瞬息万变，周恩来在思考。

抗日战争时期，八路军的许多战略物资来自海外华侨的捐助，在抵抗外来侵略这个大的背景下，全世界的华人都联合起来了。可是，如果打内战，必将使灾难深重的中国走向民不聊生的境地。如何避免内战？如果打内战，我党我军的经济支柱在哪里？粮食、被服、武器从哪里来？

我们必须自力更生。

周恩来对杨琳和连贯说：蒋介石完全撕毁了和谈的假面具，国民党迟早要赶我们走的，我们准备再穿几年草鞋。看来，南京、上海的民主人士和文化人，以至我们的一些干部，都要疏散到香港和东南亚一带，你们要安排好他们的工作和生活，将来形势好转，需要他们回来，我们会派人来联系的①。

在这两个星期里，周恩来给他们二人引见了若干民主人士和文化名人，比如郭沫若、沈钧儒、胡绳等②。

由于住在周公馆，杨琳与周公馆馆长祝华也熟悉了，成了朋友③。

一天晚上，周恩来分别与杨琳和连贯谈话，给他们布置了不同的任务。

周恩来交给杨琳的任务是：1、打通海上运输，发展国外贸易，交流国内外物资；2、完成财政任务；3、培养对外贸易干部④。周恩来说：最近还会有一批干部去香港，上海和南京办事

① 《周恩来年谱》，中央文献出版社，1998年。
② 《上海党史资料通讯》，第10期。
③ 采访祝华记录。
④ 《秦邦礼自传》，华润集团档案馆（第三馆）。

处有三百余名干部，一批回延安，一批去香港，身份没有暴露的干部可以帮你办公司，其余的，你们要帮助他们寻找社会职业，能教书的教书，能办报的办报，隐蔽下来。

周恩来交给连贯的任务是：把滞留上海和重庆的文化界人士、民主人士护送到香港。今后公开活动的重点地区转移到香港①。

在周恩来的安排下，香港工作委员会（简称"香港工委"或"港工委"）成立，成员包括：

书记：章汉夫（分管宣传工作，饶彰风协助宣传工作）

副书记：连贯（分管华侨和统战工作）

文化工作：冯乃超

经济工作：许涤新

外事工作：龚澎

香港新华分社社长：乔冠华

接受任务以后，杨琳和连贯同船回到香港。

1946年秋，以上干部陆续抵达香港。杨琳早在30年代初期就认识章汉夫，是杨琳护送章汉夫从上海去瑞金。这些人尽管彼此认识，但是，他们实际上是单线联系，没有特殊事情，三个系统很少来往。

1946年，在香港，党中央领导的三个系统先后形成：

1、以杨琳为核心的商贸系统。

2、以潘汉年为核心的情报系统。

3、以"港工委"章汉夫、连贯为核心的地下党系统。

1946年内战爆发后，在解放战争那段艰苦卓绝的日子里，杨琳领导的联和进出口公司部分地承担起另外两个系统的经费需要。

----

① 《周恩来年谱》，中央文献出版社，1998年，第712页。

杨琳回到香港后，把联和行改名为"联和进出口公司"，简称"联和公司"，在德辅道中香港电话公司大厦（太子行）租了一个写字间，门上写着：联和进出口公司①。

在白区工作，杨琳首先想到的是如何在危急时刻减少损失，他始终坚持"把鸡蛋放在不同的篮子里"，所以，他又注册了"天隆行"，并在广州设立"天隆行"分行，用香港与广州两地的公司从事香港与内地的贸易活动。

他把家人从湛江接回广州，在广州租了一套很小的房子。

广州有天隆行，前妻王静雅成为其中的一名员工。王静雅很开明，当她得知杨琳和黄美娴已经有了孩子后，就与杨琳解除了婚约，但没有离开秦家，而是留下来继续照顾老人和孩子②。

杨琳和黄美娴在香港。黄美娴任联和进出口公司会计。

黄美娴在香港有一套别墅，位于九龙秀竹园6号，那是她父亲为她和弟弟建造的，杨琳和黄美娴就住在这里，看上去很阔气，便于掩藏身份，也利于做生意。楼较大，他们出租了一部分，房租用于补贴生活。此时的贸易主要还是轮胎、桐油等。

杨琳夫妇，后面是黄美娴的别墅

① 郭里怡采访记录。郭里怡曾任华润公司机要员。
② 采访杨琳之女秦文记录。她说，广州早有天隆行，1947年初母亲带着他们从湛江回到广州，她读中学，就知道天隆行。王静雅（1907—1983）于1950年调入华东财政局工作。

黄美娴英语很好，在撤退香港以前，杨琳和黄美娴就与美国银行、比利时银行建立起一定的联系，而且有良好的信誉，所以，借贷、担保以及兑换货币等，都比较方便。

为了做生意，杨琳曾通过银行抵押黄美娴的别墅，拿出几十万港币，做周转资金。

另外，杨琳也依靠香港的可靠商人。潘汉年的岳父董仲伟在1941年至1948年期间是香港中华总商会的第十五届会长，杨琳曾向他借款10万港币，用于一笔生意，生意很成功。但是，等到还钱的时候，恰逢港币贬值。董仲伟没提任何要求。按照我党的纪律，借10万只能还10万，在账目上是不可以错的①。

杨琳领导的联和进出口公司作为党中央直属的海外经济机构，在香港和广东一带起着重要作用，有这样两个例子。

1946年冬季，方方和林平遇到困难。

1946年4月国共和谈期间，在我党的坚持下，国民党准许将东江纵队改编为正规军，2500名主力军乘美国军舰到达烟台，参加了华东野战军。琼崖纵队和部分游击队留了下来，在港粤一带坚持武装斗争②。冬季，他们遇到困难，12月7日，方方和林平打电报给延安，请求经费支持。电文说：

中央并周（恩来）、董（必武）、廖（承志）：
　　此间经济已至绝境，送电请示均未见复，如无法维持，各项工作必须停止，如何请急复。

方林

周恩来回电说：

---

① 中央特别会计室主任赖祖烈回忆。华润集团档案馆（第三馆）。
② 这支游击队成为广东和海南的火种，他们熬过了1946年冬季后，迅速壮大。到1949年初，在蒋介石企图划江而治的时候，他们在南方已经拥有了十几个县的革命根据地。

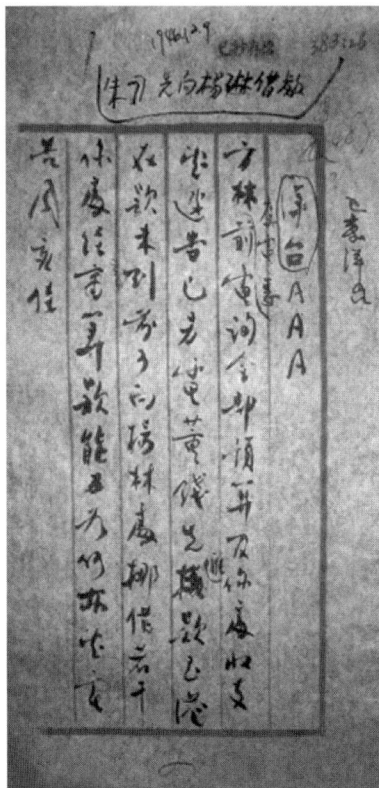

洋台AAA：

方林虞电悉，前电询全部预算及你处收支，望速告。已另电董、钱先汇款至港。在款未到前，可向杨林处挪借若干。你处经商筹款能力如何，亦望电告。

周亥佳

电文中，"洋台"指香港台；三个"A"指保密等级；"虞"代表日期。电文中"杨林"的"林"字写错了。朱德的批示中，"琳"字写对了。"亥佳"代表日期。

朱德在电文稿的上边批示：

朱：先向杨琳借款。

另外一个例子是：那时潘汉年经常出入香港，据当时联和公司的会计刘恕回忆，他曾多次与潘汉年秘密接头，每次都交给潘汉年一万港币。

据华润老前辈袁超俊回忆：从1938年到1947年，联和公司在长达十年的时间里，虽然发展不快，但是在香港信誉良好，被交易行的一些商人所承认。杨琳还建立了一些关系，比如上海帮纱厂的吴老板、做无线电生意的尹老板、比利时设在香港的华比银行经理邓文钊等。

第四章 联和公司领导集体形成·建立 "大连站"

1946年8月杨琳周公馆受命后，回到香港。那时联和进出口公司的负责人只有杨琳一人，员工包括他的妻子黄美娴和若干香港当地的练习生。

杨琳从上海回香港后，周恩来还在考虑如何发展我党领导的海外经济工作，他知道，最重要的是：尽快多派一些人去香港，与杨琳会合。

1947年2月，设在上海的"和谈办事处"开始做撤退的准备。周恩来回延安汇报，月底，周恩来从延安致电钱之光：与刘昂一起做好准备，马上去香港。不久，中央又来电，要钱之光快走，以防不测。

钱之光和刘昂开始准备。他们上街拍照片，打防疫针。就在拍照那天，他们发现被特务盯梢了，他们走了几条街，最后在外滩躲进一家汇丰银行，前门进，后门出，才甩掉尾巴。他们回到马思南路的办事处，发现楼房周围的密探明显增多，国民党对这座楼实行了围困，只准进，不许出。

钱之光和刘昂回到办事处后，和办事处所有人

钱之光、刘昂夫妇

员一样，失去了行动自由。

这里先介绍一下钱之光：

钱之光，浙江人，1915年进同文书院读书，开始接触进步思想，结识了后来成为中国共产党早期活动家的张秋人、宣中华等，在他们的影响下投身革命。1927年2月加入中国共产党，并在中共杭州地委秘书处工作。8月，任中共两浙盐运使署支部书记。1929年1月，奉命到上海筹建绸厂，作为党中央的联络点。不久到天津协助毛泽民筹建党中央的秘密印刷厂（钱之光的妹妹是毛泽民的妻子）。1933年夏离开上海赴江西中央苏区，任中华苏维埃共和国临时中央政府国民经济委员会委员兼对外贸易总局局长，后创办商业大学，任校长，领导各贸易分局做好对白区的贸易工作，保证苏区党政机关和军需的需要。1934年10月，随中央红军长征，任中央征发委员会组长，为解决长征红军给养问题日夜操劳。1935年10月，到陕北，任中华苏维埃共和国中央政府西北办事处对外贸易总局局长。1936年2月，随李克农赴洛川与张学良、王以哲会谈，达成苏区与西北军互通贸易等协议。1937年春，到太原筹办红军军需物资。

1938年8月，钱之光到八路军南京办事处协助秦邦宪、叶剑英工作。12月，南京办事处与武汉办事处合并，正式成立八路军武汉办事处，任办事处主任，兼新四军武汉办事处处长。1939年初，八路军重庆办事处成立，以少将军衔担任处长。在周恩来、董必武直接领导下，为发展抗日民族统一战线和国统区地下斗争，为抗日根据地输送军需民用物资做了大量工作。1944年，任中共重庆工作委员会委员。1945年，任中共南方局委员，为国共两党重庆谈判做了大量的工作。

1946年5月，随周恩来、董必武率领的中共和谈代表团、中共南方局、重庆八路军办事处等单位到南京，任南方局委员兼财经委员会副书记、十八集团军驻南京办事处处长、南京中共代表

袁超俊和家人在一起(1944年)

团办公厅主任①。

钱之光和刘昂回到和谈办事处就失去了行动自由。直到3月7日，美国方面派出飞机，把和谈人员送回延安。

袁超俊夫妇也从重庆到了上海，他们没住在和谈办事处，在蒋介石遣返和谈人员时，他们留了下来。不久，袁超俊夫妇悄悄离开上海，乘船驶向香港，并加入联和公司。

袁超俊，原名严金操，曾用名严惟陵，1912年12月出生于贵州省桐梓县城。1930年6月加入中国共产主义青年团，1936年11月1日加入中国共产党。

1932年他成为贵州共产主义青年同盟领导人，1933年秋担任贵州司机工会主席，同年底到上海沪西晨更工学团任教员，做工人、农民的革命教育和发动工作。

1934年3月6日，他第一次被捕入狱。在狱中，他机智勇敢地与敌人斗争。1935年春出狱后，他辗转到上海建业汽车学校任教，继续为党工作。从1935年冬至1936年秋，历任上海职业界救

---

① 王烈：《钱之光传》，中国文联出版社，1993年。

国联合会常务干事，上海工人救国会主席、常务理事，上海全国救国会第二次执行委员会代表。

1936年11月25日，他再次被捕入狱，在狱中不畏强暴，坚持斗争。1937年8月出狱后，他在南京八路军办事处任科员。1937年底以后，历任八路军武汉办事处副官长，湘乡八路军临时办事处负责人，衡阳等地办事处负责人，八路军贵阳交通站站长、党支部书记。1941年1月在重庆中央南方局任秘书，管理交通、财务，同时负责秘密工作委员会的工作。

1943年6月，袁超俊随周恩来同志到达延安，并在杨家岭周恩来办公室工作，期间参加了中央党校二部、三部的学习。1945年4月至7月，在党的"七大"秘书处工作。1945年12月，他回到重庆八路军办事处，在南方局仍管理秘密交通和财务等工作。1946年7月任中共南方局四川省委秘书长。1946年11月后，经周恩来同志的安排，赴上海从事秘密工作。

袁超俊多才多艺，能写会画，会拉小提琴。武汉八路军办事处和延安召开"七大"时的其中一个会议室里悬挂的马克思、恩格斯、列宁、斯大林的画像，都是他画的。他还会修表，当时许多首长的新手表都要经过他"修理检查"，以防敌人安装窃听器①。

袁超俊与杨琳早就相识。

国共和谈破裂后，袁超俊受周恩来派遣，到香港联和公司工作。他们先到上海，等待时机。

1947年4月12日，他们带着幼小的女儿登上招商局的轮船前往香港。船到台湾基隆停靠一天，因为怕被特务认出来，他们没有下船。经过8天的航行抵达香港。随后，袁超俊夫妇成为杨琳的新搭档，后来，成为公司副经理、第一任支部书记。

———————
① 采访袁超俊之子袁明记录。

袁超俊的妻子钟可玉是广东梅县人，投身革命前是印尼华侨，1933年从印尼回国曾到过香港。香港有不少梅县老乡，其中有一个开钱庄的李先生，与钟可玉很熟。通过李先生，袁超俊一家很快租到了住房。

钟可玉化名叶梅星，在成都和香港，大家都叫她"阿叶"。这个名字的由来是这样的：钟可玉从印尼回国奔赴延安时，路上为了安全，党组织让她化名，对外称是叶剑英的侄女，到陕西投奔亲戚。当时还是国共合作时期，国民党各关口就一路放行了。

袁超俊夫妇是从上海直接到香港的。

钱之光、刘恕等则是从上海先回延安，在胡宗南轰炸延安时再出陕赴港的。

3月7日，美国方面派出飞机，分别从南京、上海、重庆、昆明送中共和谈代表团和办事处的人员回延安，上海和南京共74人，钱之光和刘恕都在其中。

1947年，袁超俊、钟可玉与孩子摄于香港

年轻时的祝华

祝华和几个炊事员等留在了周公馆，以普通工作人员的身份作掩护，作为联络站，安排相关人员撤退香港。

3月8日，延安召开纪念三八妇女节大会，毛泽东在会上发表了讲话。钱之光等从白区刚刚回到根据地的人们喜气洋洋，像回家一样兴奋。

会后，周恩来和任弼时听取了钱之光的汇报，然后，周恩来给钱之光布置任务：尽快带些人到解放区沿海口岸，想办法去香港，与香港的杨琳取得联系①。

三八妇女节过后，延安已经处于极其危险的时刻。中央决定战略转移。毛泽东等领导人决定把中央集体分成三部分：

前委：留在陕北一带打游击，毛泽东、周恩来、任弼时留在这里；

后委：去晋绥一带，社会部、城工部、机要处设在后委；书记叶剑英，委员包括邓颖超、杨尚昆、李维汉等。

工委：分为两部分：一批是已经到达东北的东北局，负责人包括高岗、陈云、张闻天②。另一批开辟西柏坡根据地，负责人包括刘少奇、朱德、董必武。

延安一带的军政机构开始了大规模的战略转移，这是长征以来第一次被迫的大转移。

在周恩来的指导下，钱之光迅速成立了"赴港小分队"。他决定，先去烟台，从那里出海去香港。钱之光和妻子刘昂，刘恕和妻子鲁映，还有赖祖烈、李泽纯、牟爱牧、郭里怡等，编成一个小队，离开陕西，准备过黄河，到山西，赴山东。

3月11日，胡宗南派美式飞机轰炸延安，连续轰炸到17日③。

---

① 王烈：《钱之光传》，中国文联出版社，1993年，第231页。
② 《中共中央组织人事简明图谱》，中国广播电视出版社，2003年，第21页。
③ 《周恩来年谱》，中央文献出版社，1998年，第744页。

1947年在烟台。前排左起：李泽纯、钱之光、蔡连芳，后排
左二起：王华生、牟爱牧、孙泰恭

就在11日这天深夜，钱之光率领的赴港小分队随中央"后委"的城工部大队撤出延安。几天后，他们抵达延安东北方向的清涧，这时，接到前委的中央电报，通知他们停下来到某处开会。钱之光、赖祖烈、刘恕三人赶到会议地点，原来，是任弼时前来传达中央精神。任弼时指出：

1、你们的任务是：出去发展海外经济关系，并筹划蒋管区党费的接济；

2、今后你们的工作由朱德总司令领导[①]。

这次会议进一步明确了钱之光"赴港小分队"的具体任务和组织关系。在解放战争刚刚爆发的初期，在胡宗南轰炸延安的紧要关头，我党已经把海外经济工作摆到了很重要的地位上，由朱德同志亲自领导。当时，我军所占领的地区很有限，蒋管区面积很大，联和公司要接济蒋管区地下党和游击队的经费，这个任务何等艰巨。

会后，钱之光带领赴港小分队东进山西。

从延安出发时，中央后委军政机关等所有撤退人员被分成

---

① 王烈：《钱之光传》，中国文联出版社，1993年，第231页。另据采访刘恕记录。

三队：

　　一队是"妈妈队"，带着孩子；

　　一队是"扶助队"，这些人要帮助妈妈和孩子们；

　　还有一队是"自力更生队"，自己背着行李和武器行军。

　　郭里怡回忆说："别看我个子小，我是自力更生队的，从延安出发的时候，天气很冷，我到仓库里找了一套棉衣。我们从重庆乘坐美国飞机撤回延安的时候，女士穿的都是旗袍，那是为了白区工作需要。到延安才四天又要撤退，我们连棉衣都没有。我去延安的仓库里找，我个子小，脚也小，没有合适的军衣。棉衣又肥又大，将就着穿了，可是找不到合适的棉鞋，最后捡了老百姓的两只棉鞋，颜色不同，勉强能穿，我就穿着这样的鞋子离开延安。"

　　飞机在轰炸，他们白天隐蔽，晚上行军。

　　牟爱牧的妻子蔡连芳被编在"妈妈队"里，她带着仅有几个月的儿子。

　　"妈妈队"和延安保育院在一起。

　　保育院的孩子们没有父母照顾，他们的父母或者在前线打仗，或者已经牺牲了，里面有很多烈士的孤儿。这些孩子多是学龄前儿童，行军时都被放在"摇篮里"，驮在毛驴的背上。一只毛驴驮两个摇篮，一个摇篮放一个孩子。

　　从延安到黄河，陆路行军，上百个孩子，几十只毛驴排成一支很长的队伍。三月的夜晚，寒风依然刺骨，保育院老师怕孩子们冻着，给孩子们盖着很厚的被子。

　　经过十几天急行军，三支队伍先后抵达黄河边，郭里怡等四川人第一次见到黄河，他们每个人都被"黄河的怒吼"震撼了，湍急的水流汹涌澎湃，很吓人。

　　夜色中，从延安撤出的中央机关、钱之光带领的"赴港小分队"，还有"妈妈队"、延安保育院等等，分别乘坐小木船，先后过黄河。为了避开敌机轰炸，都是趁轰炸间隙在夜色中抢渡。

过黄河以后，行军的队伍就分手了，中央机关沿黄河北上，钱之光率"赴港小分队"继续东行，他们计划翻过吕梁山脉，穿过山西，奔河北、山东。

这条路，他们走了三个月。

这三个月里，发生了许多悲惨的故事。

三月底，"妈妈队"沿黄河北行，由于山路崎岖，路很窄，队伍只能在羊肠小路上蜿蜒而行。驮着孩子们的毛驴一只接着一只，队伍很长，道路又太窄，老师们无法照顾每一个箩筐里的孩子。经过一夜急行军，天亮的时候老师们发现，季清河的孩子死在箩筐里，是棉被压住了孩子的鼻子，捂死的；牟爱牧和蔡连芳的孩子也奄奄一息①。蔡连芳哭着呼喊孩子的名字，孩子还有一口气，可是，缺医少药，在场的人们没有任何办法，眼睁睁地看着孩子的呼吸一点点减弱，直到停止了呼吸。

悲伤刺痛了每一个人的心，蔡连芳和季清河两个人抱在一起放声大哭，在场的人无不失声痛哭，哭声淹没了黄河的怒吼。

在黄河边，中央机关和后勤大队举行了一个简单的仪式，把两个幼小的生命留在了茫茫戈壁和滔滔黄河之间。

悲伤压在人们的心头还没散去，几天后，又一个打击接踵而至。

王若飞的孩子也死在行军路上。蔡连芳心疼自己的孩子，更心疼王若飞的孩子，她说："王若飞已经遇难，这孩子是他的遗孤啊。"

在国共内战刚刚打响的初期，在胡宗南进犯延安的时候，三个小生命就这样无辜地死去。

蔡连芳结束了她在"妈妈队"使命，她流着眼泪告别了"妈

---

① 采访华润前辈蔡连芳记录。2006年，老人90岁，提起往事泪流不止。

妈队"，追赶钱之光的"赴港小分队"①。

蔡连芳和丈夫牟爱牧强忍悲痛，随着钱之光和刘恕等，继续向烟台进发，为的是尽快到香港执行任务。

没有车，主要靠两条腿。后来，贺龙的部队先后为他们提供了几匹牲口，有毛驴，有骆驼。于是，他们有的骑毛驴，有的骑骆驼，风餐露宿，还时常忍饥挨饿。

他们一行人抵达山西临县三交镇时，中央"后委"在这里，叶剑英和杨尚昆等已先行到达。他们做了短暂休整。城工部决定留下郭里怡，与城工部会计科长王华生交换，因为王华生是广东人，会讲粤语。

王华生门牙突出，特征比较明显，本来他是在广东地区做地下工作的，身份暴露后，被调到重庆八路军办事处，任秘书科科长，也在周恩来身边工作②。

经过太行山，钱之光赴港小分队进入河北省的冶陶。当时，刘邓大军的司令部就在冶陶，董必武恰巧也在这里开会。他们在冶陶得以休整，吃饱喝足后，奔邯郸。途中接到通知，

王华生从大连赴港时的照片

---

① 郭里怡提起这件事的时候是在四川，2006年4月17日，我们去成都采访另外四个华润机要员，那天的采访持续到晚上十一点半。送郭里怡回宾馆的路上，她说："明天去九寨沟，是一个老战友的孩子陪我去，他母亲叫季清河，他的哥哥在我们过黄河的时候死在摇篮里，还有牟爱牧的孩子。"听到牟爱牧，我们马上追问，于是她讲述了这个故事。老前辈们的心里装着太多的故事，他们不以为然，他们习惯了牺牲和奉献，如果不追问，他们很少主动讲述。真不知道还有多少感人的故事，由于没有线索，我们没有问到。我们同时感慨道：战争时期结下的友情可以延续到子孙，这是何等纯洁的友谊啊（季清河不是华润人）。

② 采访王华生妻子张春秀记录。

刘昂被调去做董必武的秘书，随董必武去西柏坡。其余的人继续东行，跨过津浦铁路，进入山东，又渡黄河，走向烟台。

前后两次过黄河，他们经历了怎样的危险和艰难，我们难以想象。

从延安到烟台，他们走了三个月。

在烟台，他们想尽办法与香港取得联系，但是，由于敌人对海面封锁太紧，一连三个月都无法出海，不但去不了香港，他们连上海都去不了。

此时已是1947年的9月，解放战争处在最艰难的日子里。

9月初的一天，上海周公馆馆长祝华等从上海押运救济物资乘船到达烟台。从祝华那里他们了解到一些香港的情况，得知杨琳和黄美娴夫妇，袁超俊和钟可玉夫妇，还有钱生浩、潘夏山等非常忙，急需人手①。

钱之光意识到，自己率领这样一支精干的队伍同时乘船去香港，那是不容易的，也是很危险的，人多目标大，一定会引起敌人的注意。钱之光决定，派刘恕和鲁映先走。他们夫妻二人目标小，假扮商人，不会引起敌人注意。其他人再寻找机会，大家分批前往。

刘恕和鲁映经牟平、文登到石岛，而后搭乘胶东

祝华与钱之光（左）

---

① 王烈：《钱之光传》，中国文联出版社，1993年，第232页。

刘恕在重庆八路军办事处

区党委的一条70吨的小渔船，在夜色的掩护下，出发了。国民党舰艇封锁海面，舰艇巡逻，探照灯横扫海面，他们只能选择风急浪高的地方行驶，船小浪大，刘恕和夫人开始呕吐，一连九天九夜，吃什么吐什么。抵达澳门后，休息了三天才缓过来。

1947年9月，刘恕和鲁映到香港，见到杨琳、袁超俊等老朋友，他们也成为联和进出口公司的新成员。

10月，祝华的妻子转移到香港，她正怀着孕。

先介绍一下刘恕。

刘恕1915年出生在安徽省来安县，1935年到上海，在上海北站当铁路工人。1937年加入中国共产党，1938年被派到桂林筹建桂林八路军办事处。1939年1月至1943年6月在重庆办事处任运输科长。1943年7月起在延安周恩来处工作。

1946年1月，重庆办事处准备迁往南京，刘恕代表十八集团军办事处，配合龙飞虎代表的中共代表团，前往南京与国民党交涉。南京办事处财经委员会成立后，董必武任书记，钱之光任副书记，刘恕为成员，刘恕还兼任上海办事处秘书长。

国共和谈破裂后，1947年3月2日，国民党逼迫中共和谈代表团离开上海，刘恕陪董必武一家，还有董必武的警卫员，乘火车离开上海回南京。刘恕身上穿着特制的"马甲"，马甲上缝着许多小口袋，里面装着几十根金条。国民党特务名曰"护送"，实为押送。金条很重，刘恕不敢活动，也不能躺下，一路坐着回到南京。3月7日，刘恕从南京乘坐美国飞机回到延安。随后成为赴港小分队成员。

就在刘恕夫妇离开烟台还未抵达香港时，1947年9月9日，钱之光致电中央：

> 中央周（恩来）、任（弼时）并董（必武）老：
>
> 　　胶东形势已进入战争状态，主要港口被封锁，今后联系海外较困难，如客观条件可能时，请考虑我们是否转入其他口岸。请速示。

钱之光口气婉转地汇报了"不直接去香港"，先转到"其他港口"的意见。1947年9月11日钱之光接到董必武回电：

华东局速转烟台钱之光：
　　申鱼电悉，如交
通得便，周（恩来）、
任（弼时）和我同意你
去港主持海外及内地经
营，并筹划今后蒋管区
党费接济。羊角沟存
布，尚未接曾山及渤海
报告，恐已损失。
　　　董必武申真

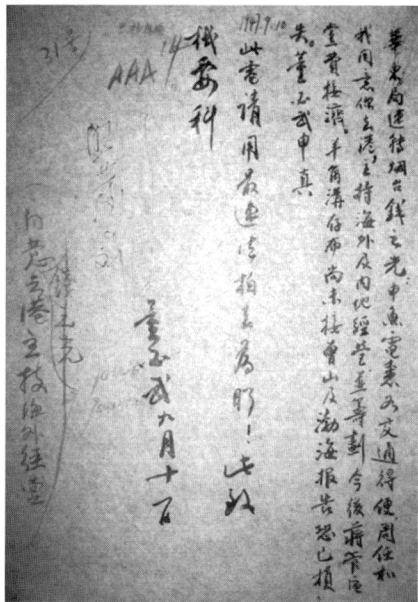

"申鱼"和"申真"代指日期。

这封电报实际上同意了钱之光的请求，同意他主持"海外"和"内地"的经营，包括"内地"。

9月，国民党军队进犯烟台。钱之光带领余下的人员离开烟台到牟平赴威海，他们计划绕道大连，再去香港。

1947年9月中旬，钱之光一行顺利抵达大连。此时，队伍里增加了祝华、徐德明。

在这里，他们与东北局的几位主要领导陈云、李富春等取得了联系。陈云、李富春等在东北一手抓军事，一手抓生产，东北的形势正在朝着有利于我方的方向变化。

钱之光在与李富春交谈以后，一个大胆的设想很快形成了：

留在大连，组织货源，打通东北和香港之间的贸易通道，把东北局的物资运到香港，再从香港购买战争和生产所需物资。

这个设想很快得到中央的批准。钱之光等人就在大连留了下来，他租了一套房子，大家住下，就算建成了一个临时的"大连站"，作为香港联和公司的一个站点。

他们开始筹集出口物资。

做贸易需要有公司名称，钱之光和大家经过商量，给"大连站"起了一个响亮的名字：中华贸易公司。公司对外不挂牌，其作用就是办理进出口商品的报关和保险。当时东北还没解放，大连由苏联人管理。大连站迅速扩大至30余人，徐德明、徐静等先后加入。

在东北局的帮助下，钱之光在大连站建立了一个电台，其中一个机要员叫冷学伟。

为了适应海外贸易工作的需要，中央决定：在香港为杨琳的联和公司也设一部电台。

港工委的肖贤法打电话到联和公司，约袁超俊见面，他们二人早就认识。

肖贤法对袁超俊说：胡公（即周恩来）电告方方，为加强与解放区的电讯联系，在香港增设一部秘密电台，设在联和公司，由袁超俊管理。

肖贤法是电讯方面的行家，参加过长征，在重庆八路军办事处任电台负责人，1946年秋从南京撤退到香港，是港工委负责人之一。肖贤法和袁超俊在先施公司门口见面，他带来了报务员"小李"，并把一部小型发报机交给了袁超俊，但是，没有收报机。按肖贤法的主意，袁超俊用500元港币买了一台全波段的收音机，进行改装，加了一个线圈，便成了收报机。

为了架设电台，袁超俊把家从九龙白加士街搬到香港跑马地东边的礼顿山道，租了一幢二层小楼，袁超俊一家住前间，报务员小李和妻子、孩子住后间①。

刘恕和妻子鲁映在杨琳家里住了一段时间，而后搬到铜锣湾希云街27号。

从此，联和进出口公司的组织机构逐渐健全起来了：

在香港，联和进出口公司挂牌营业；

在广州有天隆行；

在大连有大连站（中华贸易公司）。

这样，香港与广州、香港与大连，就可以很方便地开展进出口贸易了。这三家公司实际上是一家公司，在执行同一个任务。

有了电台，杨琳与中央、与大连建立起直接联系。

杨琳无限感慨，他预感到，更重要的使命即将落到联和公司全体同仁的肩上。

---

① 袁超俊：《华润——在大决战中创业》，《红岩春秋》1998年第2期。

第五章 打通东北与香港之间的贸易通道·
公司改名为"华润"

　　1947年，联和进出口公司得到迅速发展，主要是得益于与东北解放区之间的贸易活动。

　　1946年12月至1947年4月，陈云、肖劲光等在南满领导了"四保临江"战役，使我军在东北由战略防御转为战略进攻，东北战局发生了根本性变化。四保临江战役结束后，陈云回哈尔滨主持东北局财经工作。他从南满回哈尔滨时，途经朝鲜，在朝鲜会见了金日成主席，双方友谊日深[1]。

　　当时，国民党军队占据着东北的主要城市和交通要道，朝鲜成为我军的重要后方，东北局在平壤、罗津、南浦、新义州等多

东北局驻朝办事处原址　照片提供：朱佳木

————————————

[1]《陈云年谱》，中央文献出版社，2000年。

个城市和港口都
设有办事处，平
壤办事处工作人
员近百人。罗津
办事处地处中朝
交界的港口，有
干部百余人，装
卸工500余人。

东北局驻朝鲜办事处人员合影。左三：朱理治

　　东北局驻朝
鲜办事处建立于
1946年7月，朱理治和肖劲光负责建立，后朱理治任全权代表，对
外公开称平壤利民公司，直到1949年2月结束。

　　朝鲜办事处的存在为日后打通东北到香港的贸易通道奠定了
重要基础。

　　陈云回到哈尔滨后主持东北解放区的财经工作。东北有
可供出口的粮食，但是缺少工业设备和生产原料，因此，陈云
提出要"设法打通对外贸易"。中央同意陈云提出的通过东北
大力发展对外贸易的设想。1947年5月24日，在接连三次打退
了胡宗南对延安的进攻后，中共中央致电东北局：关于国际问
题……目前确需靠香港、上海、哈尔滨三处，东北局可在哈尔
滨、大连建立对外联系，派专人进行组织①。东北根据地此时成
为我党领导的主要后方。

　　陈云与杨琳是老朋友，从1930年开始，他们共同经历了大革
命失败后的艰难困苦，又一起去苏联学习，抗战八年，他们在战
火中共同成长。此时，陈云首先想到的是：如何派人去香港？如
何打通海上通道？

①《陈云年谱》，中央文献出版社，2000年。

陈云给杨琳带信，请杨琳购买进步影片①。

这次购买活动的细节我们已经无法知道，如何带到东北也不知道。但是，正是通过这次试探性的采购活动，陈云与杨琳都有了信心。他们都在设想：如何进一步开展东北与香港之间的贸易。

在钱之光率祝华、徐德明、王华生、李泽纯、牟爱牧、蔡连芳等抵达大连后，这些设想得以实现。

在延安党中央的统一指挥下，在东北局的支持下，钱之光和杨琳率领着一支特殊的队伍，在大连和香港两地开始了大规模的海外贸易活动。

他们的首要任务就是打通东北至香港的贸易通道。

钱之光派王华生去平壤，通过东北局驻朝鲜的办事处全权代表朱理治与苏联驻朝鲜的大使取得了联系，租到了苏联轮船"波德瓦尔号"和"阿尔丹号"。这两艘船的载重量都是3000吨左右，在当时算比较大的海船了。

与此同时，钱之光派祝华到哈尔滨联系出口粮食事宜。祝华回忆说：陈云批给祝华1000吨粮食，又批了一笔钱，用于购买装粮食的麻袋。此外还批了一些土特产和皮草，更重要的是，还有一批黄金。

此时，陈云为东北财经委员会主任，李富春为副主任，叶季壮是财经委员会负责人之一。

东北局在东北解放区对粮食和猪鬃等土特产品实行了统购统销。

东北盛产大豆（黄豆），1947年的可输出量为200万吨②。用3000吨的船运输，可以装600多船（不算其他土特产品）。轮船从

---

① 采访张平记录。
② 《陈云年谱》，中央文献出版社，2000年，第485页。

罗津到香港，从装船到卸船，再装货回来，一个来回最快也要一个月左右。600船，这是多大的运输量啊！东北局与香港华润之间的贸易活动从此拉开了大幕。

1947年11月初，在陈云的关心下，这批粮食和土特产用火车从哈尔滨运到朝鲜西北部的罗津港，然后装上苏联货轮阿尔丹号，直航香港①。

王华生随船押运。同行的还有俄语翻译陈兴华、新四军原卫生部负责人沈其震等六人。沈其震1938年就与香港八路军办事处建立起良好关系，一行人中只有他熟悉香港。他也认识杨琳。

王华生随船启程以后，钱之光马上想到第二次航行，他致电中共中央："请速拨二千五百两黄金作为继续经营的资本。"

11月5日，任弼时致电华东

祝华（左）、陈兴华（曾任翻译）

局："请考虑拨出二千五百两黄金交钱之光。"

11月8日，华东局复电："我们已拨出二千五百两黄金交钱之光。"②

当时我党实行的是供给制，全国一盘棋，彼此间的相互配合非常默契，正是这种精诚合作才使我党领导的解放战争在全国范围内步调一致。

---

① 袁超俊：《华润——在大决战中创业》，《红岩春秋》1998年第2期。
② 《任弼时年谱》，中央文献出版社，2004年，第561页。

王华生等经过一周的航行，抵达香港。

这是联和公司第一次接到解放区运来的货物。杨琳、刘恕和袁超俊十分兴奋。他们随王华生上了阿尔丹轮，在船长室，王华生从放海图的柜子里拎出一只很重的大箱子，里面装的是几件特制的马甲背心，鼓鼓囊囊的。王华生说：缝在里面的全是金条。

随后，他们四人穿上这些马甲，下船，乘小汽艇上岸，然后去汇丰银行。杨琳早在汇丰银行地下保险库租了一个保险箱，管库人打开厚重的电动大铁门让他们进去，杨琳带着他们走向保险箱。管库人用他的钥匙打开保险箱的一道锁后退出，杨琳用他的钥匙打开保险箱的又一道锁，保险箱门这才打开。他们从身上脱下背心，把黄金取出放进保险箱中。杨琳把保险箱锁上，银行管库人进来加锁，然后大家一道出库。

王华生带来了新的电台密码，据袁超俊回忆：当晚，联和公司就用新的电台密码发报，向钱之光报告货轮平安抵达的消息；同时电告延安的朱德和周恩来，报告"东北与香港的航道已经打通"[1]。

与此同时，杨琳雇来装卸工，把阿尔丹货轮上的货物卸下来。联和公司在香港公开出售东北产品，东北大豆和土特产很受欢迎，很快就卖完了。由于香港天气不冷，皮货卖不掉。

王华生带来的黄金都是烟台钤记，形状像金元宝，这是解放区的黄金，在香港不能公开流通，要熔铸成香港金条才好用。中共华东财委有一个叫张尔华的人，在香港皇后大道中开有一个宝生银号，有黄金经营权。袁超俊在上海时就认识他，袁超俊同他联系好后，分批提着这些烟台的"小黄鱼"，请他熔铸成香港金条，然后将金条出售，换成美钞、港币，用于采购解放区所需物资。

---

[1] 袁超俊：《华润——在大决战中创业》，《红岩春秋》1998年第2期。

卖货所得资金，加上出售黄金，杨琳、袁超俊、刘恕等和员工一起用这笔钱开始购买东北局所需物资：药品、真空管、卷筒新闻纸、造纸滤网，还有恢复生产需要的棉纱、铁钉、汽车零件、纺织机械、油漆等用品。装足了阿尔丹号的吨位，轮船启航返回。

由于销售东北粮食，联和公司门庭若市，看货、谈价钱的商人络绎不绝。为适应公司发展的需要，杨琳提出：租一个大的写字间，以便于对外谈业务。

1947年12月圣诞节，公司员工及家属举办了一次聚餐，大家欢聚一堂。

看到公司的发展，杨琳无限感慨。他说："'联和公司'这个名字当初是以我的名字'廉安'命名的，在无锡话里，这两个词谐音。现在，公司发展了，要给公司重新起一个响亮的名字。"①

杨琳、袁超俊、刘恕等人在一起商量起名字的事情，据袁超俊回忆：在议论改名字的时候，大家七嘴八舌，起了好几个名字，有人建议叫"德润"，"德"取自朱德的名字，因为当时朱德总司令分管华润；"润"取自毛泽东的字"润之"。后据杨尚昆同志回忆：朱德接到电报后说，"不行，怎么能把我的名字排在主席前面呢？"再次议论时，杨琳提议改为"华润"，杨琳说："华"代表"中华"，"润"是主席的字，还代表雨露滋润、资源丰富。在场的人都表示同意，于是"联和行"改名为"华润"②。

"华润"的英文译名为"China Resources"，由华润公司的会计黄美娴翻译。

---

① 采访杨琳之子秦福铨记录。

② 袁超俊：《华润——在大决战中创业》，《红岩春秋》1998年第2期。另据采访香港中联办原副主任朱育诚及华润集团原董事长谷永江录像。

从此，沿用了十年的"联和行""联和进出口公司"改名为"华润公司"，启用"华润"这个名字得到了朱德总司令的批准。

关于华润公司的名称，在这里有必要作一个说明。

1、究竟是谁起的"华润"这个名字：

一说是杨琳、袁超俊、刘恕共同议论而来。

一说是钱之光命名①。

2、关于"华润"这个名字的诞生时间：

一说是1947年圣诞节前后，至1948年元旦，第一船物资来港后；

一说是1948年8月，钱之光到香港以后②；

一说是1948年12月，华润正式注册前。

我们对此作了详细考证，袁超俊留下的回忆文章是较客观的材料；我们还采访了刘恕，他的说法与袁超俊相同：是杨琳、袁超俊、刘恕等在一起议论改名之事，杨琳最先想到的，三人都发表了意见。杨琳的儿子秦福铨也回忆了这件事，1947年他在香港读大学，他记得1947年底公司聚餐的情景。

我们在香港查找华润公司注册的老档案。"华润公司"正式注册的时间是1948年12月18日，公司是以合伙人的形式注册的无限公司，股东包括杨琳、黄美娴等几人。

关于联和行、联和进出口公司的注册资料，我们在香港没有查到。香港工作人员告诉我们，没有资料的原因可能有三个：一是战争年代，资料保存不够好；二是这两个公司本身不存在了，

①② 王烈：《钱之光传》，中国文联出版社，1993年，第240页。

相关资料可能销毁了；三是可能被当局政府另存了。

从两年的考证中，我们得出这样的结论：杨琳为"联和进出口公司"改名的设想是在第一次航运成功后不久，"华润公司"这个名字的诞生时间是在1947年圣诞节到1948年元旦期间的事情。

由于香港季节变化不明显，人们的回忆都是模糊的，那些健在的老人都八九十岁了，我们无法苛求他们对这个问题的回答准确到"月"乃至"日"。

"华润公司"这个名字的使用时间一定早于注册时间，这一点毫无疑问，因为，从1948年9月到12月，华润曾经干了一件极其伟大的事，那就是把数十名重要的民主人士从香港秘密送回大陆，从而保证了新中国第一届政治协商会议的召开。几十年来，关于此事的回忆文章不断问世，其间提到的都是"华润公司"。

那么，究竟何时开始叫"华润公司"这个名字的呢？

根据刘恕的回忆，我们作这样一个推断：1948年年初，华润公司还在电话大厦办公，大门的玻璃窗上写着"联和进出口公司"。当时的业务很忙，货船报关很多，港英当局和当地商人都熟悉这个名字，所以，"联和公司"这个名字还一直使用，只是内部人知道有"华润公司"这个名称①。这里面积小，后来重新租了一个写字楼，在毕打街毕打行，搬家后就正式挂起了"华润公司"这个新名字。搬家的庆典很热闹，这个名字就传开了。

搬家的时间是何时呢？有人说是四五月，有人说是夏天。我们推断，应该是在钱之光抵达香港以后，即1948年8月。这样也好解释为什么有人回忆说这个名字是钱之光起的，因为在公司筹备搬家和挂牌庆典时，许多人参与，产生误会就难免了。

---

① 郭里怡回忆说，她到香港后还见过玻璃窗上"联和进出口公司"的字样。

　　1947年底"华润公司"名称诞生；1948年8月"华润公司"挂牌；1948年12月18日，"华润公司"注册完毕。

　　总之，香港与东北局之间的第一次远航贸易取得了空前的成功，这标志着我党领导的外贸进出口工作开始转变为公开的商业活动，从以采购为主转变为销售和采购并重，从以进口为主转变为出口和进口并重，这是一次巨大的飞跃。

　　此后，阿尔丹号和波德瓦尔号两艘货轮不断往返于香港与罗津、香港与大连之间，运出东北产品，运回东北所需物资。

　　在这样的贸易活动中，香港华润公司得以迅速壮大，人员在不断增加，营业额在不断增长，其知名度也在逐渐提高。随着销售和采购范围的扩大，"华润"的名字已经走出香港，走向东南亚，走向英国和美国。

　　东北根据地的建立使东北经济得以恢复，农业、轻工业、铁路运输业迅速发展，陈云亲自抓粮食，主办公营农场，还亲自兼任铁路总局党委书记、局长。在解放区能否尽快恢复铁路运输是一件事关全局的大事，所以，在东北局的采购清单中常常包括火车零部件，甚至包括"284火车头"。香港不制造火车，这类商品大多从英国采购。"毛泽东号列车"上也有华润采购的零部件[①]。

　　东北局在东北地区实行统购统销，东北的大豆、猪鬃、中药、人参等产品源源不断地运抵香港，除了在香港销售外，大量货物转口到英国、美国和东南亚地区。

　　猪鬃主要转口英国、美国；

　　东北豆饼全部销往台湾；

　　东北的煤炭更是受到香港和东南亚地区的欢迎。

　　华润公司的大量出口和大量采购刺激了香港战后经济的复苏。

　　据香港仁信公司老板罗良先生和胡逸生先生回忆：1948年

---

① 采访杨琳之子秦福铨记录。

仁信公司就同联和公司有生意往来，当时主要是猪鬃和茶叶的贸易。后来也代理煤炭出口的生意。

1947年11月打通香港与东北的海上贸易通道，华润的贸易工作对支援前线、促进东北解放区经济的恢复，促进香港经济的复苏都起到了重要作用。

笔者采访罗良、胡逸生两位先生

第六章　华润电台

　　为了保证华润与中央、与东北局、与大连站的联系，中央决定，加强华润公司的电台工作，派郭里怡到香港工作。

　　据郭里怡介绍：电台工作是有严格制度的。一个比较完备的地下电台必须由三部分组成：

　　机要员，他们掌握"密电码"，一般在首长身边工作，负责把首长要发出的"文字"译成"密码"电报，或把接收到的密码电文译成文字。

　　报务员，负责发报，但是，他一般不了解密码的含义，因为发报员很危险，敌人跟踪电波就能发现电台所在地，很容易被捕。报务员与机要员互不相识，也不在一起工作。

　　交通员，负责在机要员和报务员之间交换文件，他虽然认识双方却不知道文件内容。

　　郭里怡赴香港的过程曲折动人，富于传奇色彩。

　　郭里怡1924年生，1938年在四川某中学参加革命，15岁加入共产党，在川东地区做地下工作。1945年调到重庆八路军办事处。1947年3月随办事处乘坐美国派出的飞机撤回延安，先被编入钱之光的赴港小分队，走到山西的三交镇，与王华生调换，她留在城市工作部（简称城工部，统战部前身）。城工部部长由周恩来兼任，副部长是罗迈（李维汉），秘书处处长是童小鹏。城工部属于后委的一部分。

　　当时的中央分成前委、后委、工委三部分。

　　胡宗南正在围剿延安。

郭里怡调到后委城工部留在山西不久，中央为了加强蒋管区的电台工作，又派她去白区。她先从山西到西柏坡，稍事休整后，刘少奇同志与他们四位即将出发的机要员谈话。刘少奇说：机要工作枯燥无味，但是，党和人民需要你们干这行，你们就要干好。

郭里怡、唐麟、华岗、叶梅纹一行四人，两男两女，扮装成两对夫妻。郭里怡和唐麟为一对，二人年龄相差很大。到天津后，组织上安排他们住在沈尔林家

1948年郭里怡于香港

里，沈是地下党员，但当时不在家。沈家很阔气，女主人很快就发现他们并不是夫妻，但是并不点破，只是在住宿和生活上给予更多方便。

春节过后，组织上安排四人乘坐英国太古公司的船去香港。沈家妈妈为他们送行，老人家穿戴气派，郭里怡带着密码，沈妈妈做了很好的掩护。

到香港后，大家分手。刘长胜来接郭里怡。刘长胜[①]是上海地下党著名的"三刘"之一，另外"二刘"是刘少文（前面提到过）和刘晓（后面会提到）。

① 刘长胜，1933年赴莫斯科国际列宁学院学习。1936年6月到达延安。1937年8月到上海重建党的地下组织，任中共江苏省委组织部长。1945年在中国共产党第七次全国代表大会上，当选为候补中央委员。他不是华润员工。

刘长胜和郭里怡在香港逗留几天后，二人又回到上海，因为组织上临时决定派郭里怡去重庆建立电台。重庆八路军办事处撤退以后，重庆的电台几乎全部被国民党破坏了，有一部电台可以工作，但是，需要新的密码。

在上海，刘少文派他的助手赵平送郭里怡去重庆。抵达重庆后，他们找到那个电台，电台有呼号，郭里怡带去了密码。密码缝在鞋底的夹层里，她取出密码，与城工部的童小鹏通话，这样，重庆与中央取得了联系。

郭里怡在重庆的工作刚刚展开，有一天突然收到童小鹏电报，大意是：赵平夫妇被捕，马上离开重庆，不要带密码，转移到香港"刘恕台"工作（钱之光到华润后，改为"之光台"）。后来郭里怡了解到，赵平送她到重庆后，回到宁波被捕，他的老婆沙平被捕后就叛变了。

郭里怡从重庆回到上海，设法去香港。钱不够，她把党组织给她用来装扮身份的派克笔、首饰都卖了，她哥哥出面定购机票。在组织的安排下，郭里怡于1948年初夏大概是六月乘飞机抵达香港，刘恕派夫人鲁映到机场迎接，刘恕担心郭里怡带着"尾巴"，嘱咐鲁映提高警惕。

郭里怡随后加入联和公司。

她住在铜锣湾希云街27号。这里是刘恕的家，两室一厅。

郭里怡记忆力极好，能熟记国际电码。可是，战争年代，明码很少用，他们更多地是使用密码。

郭里怡到香港后，马上着手制作新的密码。

她和鲁映去香港书店买了十几套书，每种书籍都买两套，一套留在身边，一套带回山西的城工部。她采用"书造密"的方式编制密码。这种密码是永不重复的，只要敌人不了解他们所用的书，就不能破译。

郭里怡来了以后，联和公司的电台工作走向正规，电台利用率也极高。初期，他们主要是向中央城工部发报，然后经城工部转发给大连钱之光或东北局。

中央常电告华润采购物资的清单。那时解放战争如火如荼，各地战

1948年冬，鲁映（左，华润交通员）、郭里怡于香港

场时常都会有各种需要，郭里怡记得，朱德、陈云和周恩来署名的电报最多，华东局曾山的电报也很多。

郭里怡是机要员。当时最怕译错，所以，凡是名词，比如采购的物资，还有人名，都要在电文上写两次，防止出错。

袁超俊的妻子钟可玉和刘恕的妻子鲁映是交通员。她们常常扮作买菜的样子，传递情报。

报务员一直是秘密状态下的，郭里怡在香港从未见过他们。

华润早期的报务员是小李（名字不详），他和妻子带着一个孩子，住在跑马地礼顿山道袁超俊家里，发报一般是在临晨2点到4点，每当小李发报的时候，袁超俊和夫人钟可玉都要放哨。小李夫妇不能随便出门，也不能见华润员工，华润人几乎没谁认识他们。那时华润的报务工作还不正规，袁超俊兼任机要员，而且跟报务员小李住在一起。

不久，报务员换成了李文山，山西人。袁超俊夫妇因为工作需要也不再分管此项工作，华润领导给小李配了一个助手，叫杨铭，广东人，会讲粤语。他们扮成假夫妻，还有一个老太太，三人在一起生活了几年，工作上配合得很好。但是，李文山和杨铭没有成为真夫妻，据说是因为杨铭年龄大一些，李文山习惯叫

退休后的李文山

她姐姐；一个是南方人，一个是北方人，吃饭口味也不同[1]。

李文山1942年入党，当民兵期间就参加过百团大战。1945年日军投降后，他随解放军开赴东北，在辽宁一带作战。1947年初被派到大连电器工程专门学校学习，一年后毕业，分到东北局情报部工作，任报务主任。东北国民党部队的王家山率军起义，整个起义过程都是李文山发电向党中央汇报的，那时他联系的电台有三个：延安、哈尔滨、朝鲜。1948年6月，东北情报部的肖里、吴诚和华润公司大连站的钱之光找他谈话，派他到香港工作。

组织上安排他随身携带一小箱黄金，乘飞机先到朝鲜的平壤，朝鲜办事处的朱理治派人到机场接他，而后送到釜山，在那里等船。1948年10月，他乘坐苏联货轮波德瓦尔号驶向香港。到香港的那天是1948年11月1日，轮船刚进港，就被一艘英轮撞坏了。

李文山回忆说："撞船的时候，我在大副的房间里，因为我没有证件，正在商量怎么下船。船被撞后，我们都急忙出来看，被撞的地方正是我的房间那里，房间的床和凳子都沉到海里了。我躲过一劫，想起来就感到庆幸。"

救护船把船上的人接到陆地上，李文山就进入香港了，没人查他的证件。他在刘恕家住了一天，就被领到华润电台所在

---

[1] 采访郭里怡记录。

地，那里曾经是袁超俊和报务员小李的家，小李刚回大连，此时没人住。

李文山说："刘恕给了我5块钱，就忙着给轮船打官司去了，一连10天没人来看我，把我给忘了。我没有钱，也不会粤语，每天只吃一个面包。"此时正好也是运送第二批民主人士回国的时候，华润人都在忙。这事后来被钱之光知道了，批评了刘恕。钱之光还亲自到李文山的宿舍（兼电台工作室）去看他。

那时候，懂技术的报务员只有李文山一个人，他还要负责修理。有一次，台风把电线刮断了，电台信号中断，大家都很着急，李文山自己修理。李文山在香港两年多，没到过华润公司，也不认识华润员工，所接触的人就是那几个交通员。直到1950年10月电台搬到深圳①。

李文山来了以后，华润电台就搬到了湾仔②。这里是一个人口密集的热闹地段，人口多的地方，收音机多，信号混杂，不易侦破。只有两位交通员和高层领导才知道电台的地点，郭里怡也不知道。

李文山前面的那个报务员小李，身体不好，加上长期后半夜工作，身体每况愈下。领导决定送他回大连疗养，他乘坐华润运货的苏联轮船回到大连，不久去世，留下了年轻的妻子和幼小的孩子③。

---

① 李文山回到深圳后在华润机要股，1952年10月调回中央办公厅，后任海军有线通讯总台台长。
② 袁超俊：《华润——在大决战中创业》，《红岩春秋》1998年第2期。
③ 我们在采访过程中，极力寻找这对母女，可是，没找到，我们甚至不知道他们的名字。据了解，小李的妻子与邵奎麟的妻子是亲姐妹，邵奎麟曾任中宣部副秘书长。

第七章　护送民主人士北上（之一）

　　1948年1月31日，任弼时和周恩来致电罗青长转钱之光："华东局答应拨黄金五百两，东北局拨粮二千吨，运至香港出售后交许涤新作为特别费用。"①许涤新当时在"香港工委"负责财经工作，我党此时正在酝酿一个更加伟大的新计划。

　　1948年4月23日，毛泽东和中央机关抵达西柏坡。1948年4月30日，中共中央颁布"五一"劳动节的口号，号召"各民主党派、各人民团体、各社会贤达迅速召开新的政治协商会议"。中央制定了一份77人名单。

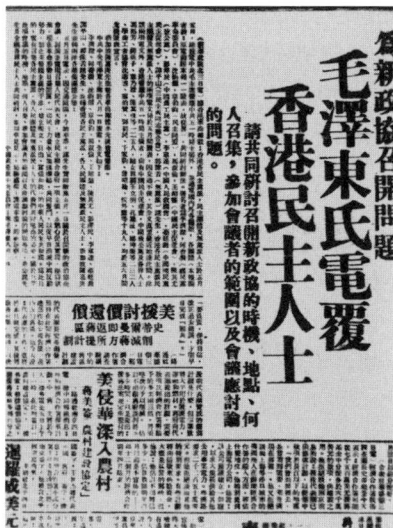

1948年8月，毛泽东为召开新政协电复在香港的民主人士。这是当时香港《华商报》刊载的消息

　　5月5日，客居香港的各界民主党派的代表李济深、何香凝、沈钧儒、章伯钧、马叙伦、王绍鏊、陈其尤、彭泽民、李章达、蔡廷锴、谭平山、郭沫若等联名致电毛泽东并转解放区人民，表示拥护五一口号，愿通电国内外各界及海外侨胞，共同策进，完成大业②。

① 《任弼时年谱》，中央文献出版社，2004年。
② 中共中央文献研究室编：《周恩来年谱》，中央文献出版社，1998年，第790页。

1948年8月2日，周恩来致电在大连的钱之光：

> 以解放区救济总署特派员名义前往香港，会同方方、
> 章汉夫、潘汉年、连贯、夏衍等，接送在港民主人士进入
> 解放区参加筹备新政协。[1]

随即，钱之光从罗津上船，乘坐苏联货船波德瓦尔号，载
着东北大豆、猪鬃和土特产，还有一批黄金，驶抵香港。同行
的还有祝华、徐德明、翻译陈兴华。

他们所带的黄金事先就缝在马甲里了，上船后把黄金藏在船
长室里，苏联船长很友好。这些马甲都是大连中华贸易公司的同
志们亲手缝的。钱之光走前，中央派他的妻子刘昂从西柏坡赶到
大连，接替钱之光管理大连站，此前她是董必武的秘书。

波德瓦尔号抵达香港后，港英当局缉私快艇来回穿梭，海
关部门照例上船进行检查。检查的时候，船上要升起不同颜色
的旗子：黄色旗子代表的是"卫生
检疫"，花色旗子代表的是"移民
局"。他们检查的时候，外人不许上
船。还有，苏联船长对"锚地"不熟
悉，需要"领航员"来领航[2]。为了
安全起见，钱之光扮成锅炉工，烧
火，身上全是煤灰，等海关人员走了
以后，才洗澡，换西装。杨琳、刘
恕、袁超俊到船上迎接，而后住进刘
恕家里。

1948年钱之光在香港

---

① 中共中央文献研究室编：《周恩来年谱》，中央文献出版社，1998年，第801页。
② 采访朱仲平记录。

当晚，华润分别致电朱德、周恩来和大连的刘昂，报告钱之光顺利抵达的消息。

此后，钱之光任华润公司董事长，杨琳任（总）经理，袁超俊任业务部主任，刘恕任会计部主任。大家称钱之光为"简老板"。

钱之光到香港后，新的任务也随之来到华润：一方面，华润要通过与东北局的贸易活动，支援国内的解放战争；另一方面，华润还要把客居海外的民主人士护送到东北解放区，筹备召开新的政治协商会议，为建立新中国做准备。

先说经济任务。

一船接一船的货物从东北运到香港，华润员工有一批人负责出售这些货，同时，还有一批人负责采购内地所需物资。这样，两批人就形成了"进口"和"出口"的格局，在此基础上很快形成了进口部、出口部、储运部、财会部、秘书部。

采购量太大了，香港的商家、工厂，都在为华润赶制产品。华润买鞋子，一买就是成千上万双，都是给前线的解放军战士买的。买布匹，都是一卡车、一卡车地买。

香港不产棉花，华润先是通过香港的洋行代理进口，了解市场情况后，华润派出了自己的人，长期住在印度、巴基斯坦，专门进口棉花。这些人就成了棉花专家，一看棉绒就知道是什么等级。

此外，西药、轮胎、纸张、电讯器材等是每次都要运的，大多从英国、美国进口。华润不断地订货，存在货舱里，有船就运走。

抗战时期与杨琳交朋友的那个尹先生，多年来一直与华润做生意。一次，袁超俊和尹先生谈购买真空管的事，钱之光在一边听，袁超俊介绍说："这位是简老板"，并把"简"字写给他看，尹先生看了字后用粤语说："原来是简先生，幸会。"

钱之光感受到学粤语的重要性，他要求大家一定要学好粤语①。

再说政治任务。

钱之光、杨琳、刘恕、袁超俊等华润领导和香港地下党组织"港工委"开始着手登记在香港的民主人士名单，并筹划如何把散居在香港不同地点的几十位民主人士从家里接出来、送上船而又不会引起国民党特务的警觉，谁负责联系哪一个民主人士，如何应付可能发生的意外情况，同时，谁负责采购货物，谁负责装船等。此外还要勘察地形、设计出海线路。这是一项非常复杂的工作。

8月下旬，准备工作就绪，决定9月初启航。航线是：从香港北上，经台湾海峡，至朝鲜的罗津，再到哈尔滨。他们把方案报告给中共中央。

8月30日，任弼时、周恩来、李维汉联名致电华润公司董事长钱之光：同意组织一批民主人士搭乘华润所租的苏联货船前往朝鲜，但须注意绝对秘密②。

就在这个时候传来了一个不幸的消息：冯玉祥将军在从美国归国途中因轮船失火于9月1日不幸遇难。

为了确保民主人士的安全，大家一致认为：不能让这么多民主人士乘一条船，要改为分批回去。他们请示中央。9月7日，周恩来代表中共中央致电香港："民主人士乘苏轮北上事，望慎重处理。"并指示："不宜乘一轮，应改为分批前来，此次愈少愈好。"③沈钧儒和蔡廷锴听说以后，毫不犹豫，愿第一批前往解放区。

钱之光和大家经过反复协商，最后决定，第一批先走四位：蔡廷锴、谭平山、章伯钧、沈钧儒，由港工委的章汉夫护送。

---

① 袁超俊：《华润——在大决战中创业》，《红岩春秋》1998年第2期。
②③ 中共中央文献研究室编：《周恩来年谱》，中央文献出版社，1998年，第804页。

前排左二起：谭平山、沈钧儒、李德全、蔡廷锴，后排左三为章伯钧

波德瓦尔号上装满了华润公司的货物，包括：医疗器械、机床、卷筒新闻纸、真空管、麻袋、轮胎、鞋子等，还有纺织用的棉纱、棉花，车用的零部件①。主要商品还是西药。我们无法一一列举这些货物，3000吨的货轮，满载。以上五位扮作华润员工，扮作货物押运员。他们每人拿着一份货物清单。这里边有一个潜在的危险，这五个人更像大老板，而不像货物押运员，很容易引起怀疑，最好给他们配备几个助手。可是，当时其他可靠的华润员工还走不开，因为后期护送民主人士和采购物资的任务，更加艰巨。

杨琳决定让自己的儿子和博古的儿子同船前往，当"老板们"的助手。两个孩子会讲粤语，年轻，像普通员工。杨琳的儿子秦福铨当时在香港读大学，19岁；博古的儿子秦钢高中刚毕业，18岁。秦钢一直由叔父杨琳抚养。

正值9月，大学刚刚开学。10日左右，杨琳告诉儿子秦福铨："不要上学了。"秦福铨问"为什么？"杨琳没回答，只是

① 袁超俊：《华润——在大决战中创业》，《红岩春秋》1998年第2期。

告诉儿子："不要出门，不能打电话告诉任何人。"①

黄美娴默默地为两个孩子准备行装。

杨琳完全知道，这可能是一次充满危险的航行。我们的保密工作虽好，但是，此前为联系民主人士，参与的人还是不少。万一被国民党特务察觉了，在大海上，国民党的军舰、飞机随时都有可能采取行动。

深夜，杨琳拿起笔，写了一封信，写给他的老战友、老上级陈云同志。他们为了党的事业共同战斗了18年，如今，下一代接上来了，博古虽然牺牲了，博古的儿子秦钢开始投身革命事业了，还有自己的长子，秦福铨。

1948年9月12日，辽沈战役爆发。

就在同一天，9月12日黄昏时分，钱之光登上波德瓦尔号轮船。

深夜，袁超俊、刘恕陪同四位民主人士和章汉夫乘坐小汽艇驶向波德瓦尔号，钱之光在船上迎接四位民主人士和章汉夫，并话别②。之后，钱之光下船回公司。袁超俊和刘恕完成任务后，也回到公司。

9月13日清晨，杨琳把两个孩子叫醒，匆匆吃过早饭，拿起行装就下了楼，在九龙附近的一个码头上，两个孩子上了一条游艇，驶向鲤鱼门方向，游艇很快就停靠在波德瓦尔号旁边。

一位姓马的工作人员把两个孩子带上船，然后交给了水手长。水手长是一个很年轻的苏联人。水手长带着他们两个走进他自己的房间，里面有一个上下铺，两个孩子就住在这里。

刚安顿好，杨琳坐着另一艘小船也来了。杨琳上船后，介绍两个孩子跟章汉夫、蔡廷锴、谭平山、章伯钧、沈钧儒等前

---

① 采访杨琳之子秦福铨记录。
② 王烈：《钱之光传》，中国文联出版社，1993年，第239页。

辈认识。

杨琳还带来一些日常药品，交给章汉夫，让他们路上用。把四位民主人士和两个孩子安排好以后，杨琳与大家告别，随后，他把儿子叫出来，把写给陈云的信交给儿子，嘱咐一番，就下了船。秦福铨回忆说：爸爸转身离开的时候，心情很沉重的样子。

杨琳随后走进船长室，用俄语向船长嘱咐了一番。

这里有一个问题：轮船究竟是白天还是夜晚开船？

我们读到一些传记文章，说运送民主人士是在晚上开船。在采访的过程中，我们反复询问：您确定开船的时间是白天吗？秦福铨很肯定。《风雨同舟》一书也证实了这一点[①]。

由此推断：民主人士是在头一天的夜里秘密上船，这是为了防止国民党特务跟踪，国民党要破坏我党关于召开新政协会议的计划。而这条船和船上的货物、乘客都是合法的，轮船出海前，船上所装货物、所载的乘客都要"报关"，香港海关人员要上船检查。苏联船长还需要香港领航员领航。沈钧儒等装扮成押运员主要是为了瞒过香港方面的检查，几个人当中，有老板模样的长者，也有年轻的助手，轻易不会引起怀疑，到了海上，即使碰到缉私船，也没问题。

那时出海基本上是在近中午的时候，有时候会在下午，不是在晚上开船，也没必要，我们的船是合法的，有报关单、货单、保险单等各种合法手续[②]。

船上的居住情况是：沈钧儒住在大副的房间里，在楼上，大副就睡在沙发上，大副是苏联人，很友好。

章汉夫、蔡廷锴、谭平山、章伯钧住在一个房间里，是两个上下铺。他们经常坐在一起聊天。

---

① 杨奇：《风雨同舟》，香港各界文化促进会出版，2004年，第30页。杨奇说起航时间是12日，恐有误。
② 采访朱仲平记录。

吃饭的时候，他们五人加两个孩子一起吃，有时候船长和大副会来。他们边吃边聊天儿。

其实，船上还有另外一些人，祝华和徐德明[1]也在船上，他们二人是真正的货物押运员。他们在船上单独起居，表面上不跟民主人士发生联系，只在暗中保护[2]。这是形势所迫，政治任务和贸易任务分离，万一国民党军舰赶来，抓走了沈钧儒、章汉夫等民主人士和共产党员，还有他们两个在，船上的物资就不会受到影响。船是苏联的，货是运往朝鲜的，都是合法的。而且，船本身属于客货两用船，船上搭乘的是什么人，有没有共产党，苏联船长可以不负责任。

轮船在海上行驶了八天[3]。有一天，美国的飞机飞到轮船上空侦察，飞机飞得很低，很久不肯离去，苏联船员拿出苏联国旗，在两个孩子的帮助下，把旗子铺在甲板上，飞机看到苏联国旗，大概也拍了照片，就飞走了[4]。

轮船驶过东海，在朝鲜与日本之间的朝鲜海峡遇到台风，台风很大，轮船在大海里摇摇晃晃。那一夜，华润公司参与此项工作的人员彻夜不眠。钱之光一直在住地的走廊里走来走去。西柏坡的中央领导也彻夜未眠，他们担心轮船的安全，一直等电报。据日本报纸记载，那次台风造成2000余人伤亡[5]。

轮船在台风中航行了一夜，驶过朝鲜海峡就安全了。华润公司接到波德瓦尔号平安的电报后，马上向中央作了汇报。那天，华润人特别高兴，他们完成了这样一个伟大的任务。为了表示庆祝，钱之光和杨琳决定：晚餐加一个红烧肉。

---

① 徐德明情况不详。
② 采访祝华记录。
③ 王烈：《钱之光传》，中国文联出版社，1993年，第239页。
④ 采访秦福铨录像。
⑤ 采访郭里怡记录。报道见1948年9月17日《华商报》。

9月18日，中共中央致电东北局：派人到罗津港迎接。头一天正好是中秋节，团圆的气氛依然浓重，大家格外高兴。

9月21日，货船到达朝鲜的罗津。陈云等忙于辽沈战役，东北局派李富春、朱理治到港口迎接。之后一行人乘火车抵达哈尔滨，高岗、陈云等在火车站迎接。

10月3日，毛泽东、朱德、周恩来从西柏坡致电表示欢迎。

电文写道：

> 诸先生平安抵哈，极为欣慰。弟等正在邀请国内及海外华侨、各民主党党派、各人民团体及无党派民主人士的代表人物来解放区，准备在明年适当时机举行政治协商会议。尚希随时指教，使会议准备工作臻于完善。

此时辽沈战役正如火如荼。

1948年9月12日，辽沈战役爆发，我军在前线获得了巨大的军事胜利。辽沈战役历时52天，歼敌47万，东北全境解放。

1948年9月13日，第一批民主人士离开香港奔赴解放区，这标志着我党统战工作的巨大胜利，赢得的是人心所向。

9月12日与9月13日，这两个日子绝不仅仅是历史的巧合，它是我党一直坚持的"党的领导、武装斗争、统一战线"三大法宝的具体体现。

回到解放区，大家异常兴奋，蔡廷锴、谭平山、章伯钧、沈钧儒等很快就与中共中央取得了联系，开始研究《关于召开新的政治协商会议诸问题（草案）》，并建议中央把《草案》带给还在香港的其他党派团体的负责人，征求意见，并请他们早日北来。他们给中央的这条建议后经钱之光和香港工委传达给了在香港的其他民主人士，从而使处于犹豫中的部分人士打消了顾虑①。

再说杨琳的两个孩子：到哈尔滨以后，他们把杨琳写给陈云的信交给了李富春的夫人蔡畅。

不久，陈云把孩子接到自己的办公室。陈云问秦福铨有什么打算。秦福铨说："我想参军。"当时我军在东北刚刚建立了一所航空学院，缺少有文化的学员，考虑到秦福铨是大学生，陈云批准他进入航空学院，成为我军第一代飞行员。秦钢年龄小，继续读书，他和延安来的一批孩子编成一个班，开始了大学生涯，李鹏当班长。他们之中很多是像秦钢一样的烈士子女②。

---

① 中共中央文献研究室编：《周恩来年谱》，中央文献出版社，1998年，第814页。
② 采访秦福铨记录。

第八章　早期华润人的生活

王兆勋、毛修颖夫妇

1949年于香港黄美娴之别墅前，前排：郭里怡、杨琳、黄美娴之妹、高士融

在郭里怡因赵平被捕而离开重庆抵达香港后，1948年8月，还有一批人也因为赵平被捕而离开上海来到香港，他们是上海某海关（英国人开办）的地下党员，包括：高士融和妻子郑育眉，林其英和妻子唐淑平，王兆勋和妻子毛修颖[①]。

据后来了解，赵平的妻子沙平被捕后叛变，供出了丈夫和上级领导刘少文，刘少文在特务追捕时跳楼逃脱，摔坏了腿。赵平被捕后承

---

① 采访刘恕记录。

认老婆所交待的内容，没有提供新线索①。刘少文和赵平负责的地下党组织包括"上海海关"和"广大华行"。这两个系统的党员全部转移。

高士融等三对夫妻来自海关，英文很好，文化水平也比较高。

我们没有采访到林其英和王兆勋的后代，也没有查到他们的资料。我们找到了一份关于高士融的材料。

高士融1913年6月3日出生于福建省，家庭出身是官吏，1931年考入清华大学化学系，后转入上海海关学校，1936年进入上海海关工作。1936年加入共青团，1938年加入共产党。入团后开始从事我党的地下工作。十二年中曾在国民党的多个海关工作过，如海南岛、长沙、桂林、贵阳、重庆等。1948年8月到华润公司，在华润秘书科工作。

当时华润的海运贸易很多，每次都需要报关，港英政府是用英文作为官方语言的，所以，华润的贸易文件主要用英文。那时需要很多懂英文的人才。

到1948年中，华润公司的员工有：杨琳和妻子黄美娴、袁超俊和妻子钟可玉、刘恕和妻子鲁映、高士融和妻子郑育眉、王兆勋和妻子毛修颖、林其英和妻子唐淑平、李应吉和妻子徐景秋、王朝基、吴震、郭里怡、钱生浩、潘象山、于凡和妻子黄惠（原名马美丽）、报务员小李和妻子等20余人。大连站也有20余人。为适应业务快速发展的需要，华润公司第一次在香港聘请了一批

---

① 赵平出狱后离婚。解放初期任上海某工厂厂长，沙平跑去台湾，赵平没受牵连。在我们采访过程中，许多老前辈都讲到什么"不算叛变"。当时为了减少牺牲，我党曾经有过一些指示，允许被捕的人交代一些"情报"，比如，已经牺牲的人士、已经到解放区或者上了前线的同志。这样，既不会造成其他人的牺牲，又可以保护自己争取出狱。这是一个沉重的话题。"文化大革命"期间，在极左思潮影响下，片面强调坚贞不屈，把灵活应变和自我保护说成是叛变，致使许多在白区工作过的同志都被打成"叛徒"和"特嫌"。赵平在"文革"中受到冲击。

黄惠、唐淑平（林其英夫人）、徐静（徐德明夫人）

当地员工，若干香港人进入华润[1]。

这里介绍一下于凡和黄惠的情况[2]。

于凡（原名于锡堃）曾经是上海交通大学的学生领袖，学航海专业，黄惠是上海交大数学系学生。1947年上海当局对上海的学校进行了一次"五三零"大逮捕，他们拿着1000人的"黑名单"，其中包括上海交大的18人，于凡和黄惠都在其中。于凡被捕，黄惠在同学和老师的帮助

举旗者为于凡。1947年5月，上海十四所大专院校七千多学生冲破国民党政府阻挠，欢送上海学生代表赴南京参加反饥饿、反内战的联合斗争。游行队伍的标语：每天菜钱不够买两根半油条

于凡29岁于江苏无锡

---

① 王烈：《钱之光传》，中国文联出版社，1993年，第240页。潘象山的父亲是民主人士潘震亚，他本人精通电器和五金。吴震情况不详。钱生涪是钱之光的侄子。

② 采访黄惠记录。另据《解放战争时期上海学生运动史》，上海翻译出版公司，1991年，《红岩儿女——从涓流到洪流》，中国青年出版社，2005年。

下逃脱。当时于凡并不是党员。这次逮捕引起上海各界的广泛不满，纷纷提出抗议。迫于压力，当局于7月底释放了51人，于凡出狱。出狱后，家里为于凡和黄惠举办了一个订婚仪式。11月，他们远走香港。1948年初在乔冠华的关怀下，二人入党。

于凡学识渊博，英文好，哲学也好，在华润负责船务方面的工作，报关纳税等。有趣的是，他学航海专业，却晕船[①]。华润的姐妹们常因此开他的玩笑。

钟可玉曾经把自己小时候在印尼时的照片拿出来给大家看，从照片上可以看出她家境的富有，也能看出她小时候的美丽。钱生浩拿着照片拖着长音儿说："想当年——多——美。"华润姐妹们此后经常用"想当年——"这个口头禅取笑钱生浩。

1948年8月，钱之光到达香港。

业务扩大后，办公室不够用了，宿舍也不够用了。钱之光和杨琳决定租房子。

先在毕打街毕打行租了一层写字间，公开挂出"华润公司"的招牌。又在跑马地成和道16号的一个小楼里租下三层和四层作为宿舍，每层四个房间。钱之光、刘恕夫妇和郭里怡从希云街27号搬了过去。

三层住着林其英夫妇和两个孩子、高士融夫妇、王兆勋夫妇。稍后，李应吉和夫人

郭里怡、黄惠（右）

---

① 采访郭里怡记录。

徐景秋来了，也住在三层。

四层住着钱之光和侄子钱生浩、袁超俊夫妇和双胞胎儿女、刘恕夫妇、郭里怡（机要员跟首长距离较近）。

这种小楼本来应该一家人住，大房间是主卧，其他小房间只能住一个人，而他们，每个房间住一家人。

排队去卫生间最头痛。一层只有一个卫生间，早晨那么多人要洗漱，晚上那么多人要冲凉，香港天气很热，没有电扇，冲凉只好排队。大人要让孩子，男人要让女人。如果谁拉肚子，那就惨了。

从这个时候起，党支部会议的地点就改在成和道，一般在星期六的晚上召开例会，过组织生活。袁超俊很忙，经常主持会议的是副书记林其英①。一个月召开一次形势报告会，大家轮流作报告，分析战争进展，计算什么时间解放军能打过长江。

华润公司的员工为采购国内急需的物资在大把大把地花钱，可是，他们自己的生活却极其俭朴，跟解放区一样，实行供给制。

供给制是我党早期的一种分配制度，是以"小米"折算的。1948年，部队、机关、学校的公职人员年收入为：关内解放区人均每年400"小米斤"，东北天气冷且农产丰富，人均600"小米斤"②。由于华润地处香港，特殊一些，还有一点津贴③。

华润此时还没有小汽车，杨琳和钱之光出门也搭公交车。乘公交车，一则不方便，二则也不安全。1948年9月，在秦福铨随第一批民主人士到哈尔滨后，见到陈云，陈云同志问起杨琳的情况，秦福铨说：父亲很忙，早出晚归，令人担心。陈云马上致电杨琳，让杨琳买一辆车④。买车已经是1949年底的事情了。

---

① 采访郭里怡记录。
② 《陈云年谱》，中央文献出版社，2000年，第527页。
③ 采访郭里怡记录，她是四川人，爱吃辣椒。
④ 采访秦福铨记录。

大家都是供给制，一起吃食堂。在跑马地成和道16号，有个小厨房，公司请来两位香港姑娘，阿樟、阿三，负责做饭和打扫卫生。她们很勤快，抢着干活。中午送饭到公司写字楼，开始是送到太子行，后来是毕打行。饭菜很简单，一碟菜大家都不肯伸筷子，缺食用油，菜汤里只漂一点点油花。

没什么好吃的，基本上是国内运来什么就吃什么。吃黄豆最多，尤其是波德瓦尔号撞船后，海水泡过的黄豆卖不掉，只好自己吃，天天吃，以致后来一些人见到黄豆就反胃。

还有就是鸡蛋，每次轮船来了，出口物资里面总有鸡蛋，鸡蛋很容易碎，好鸡蛋卖了，有裂纹但还没碎的鸡蛋，就自己吃。郭里怡回忆说：天气热，怕鸡蛋变坏，食堂天天煮鸡蛋炒鸡蛋，吃太多了，一闻到鸡蛋的味儿就想吐。

女同志买不起衣服，就自己做。香港买布不算贵，但是，做衣服的手工很贵，他们就自己学着做衣服。唐淑平来华润之前在上海的英国海关工作，那时工资高，家里富裕些，有一架缝纫机。女士们就跟她学着做衣服。

业余活动就是散步和下棋。散步都是去僻静的地方，以防出现意外。钱之光和杨琳都爱下棋。不管谁下棋，大家都围观。钱之光还喜欢抽烟、喝茶，抽骆驼牌香烟，喝茶用大杯子，放半杯茶叶。

钱之光最喜欢的菜是咸鱼，蒸一小碟咸鱼，有时候是豆豉炒辣椒，就算改善生活了。

钱之光很简朴。船到香港，刘昂让他把旧毛衣带回大连，给他拆了，洗干净，再织好，天冷了，又由轮船押运员带回来。一冬就穿这一件浅灰色毛衣。

春节，香港的习惯要给员工发红包。钱之光不懂，连阿三、阿樟也不给。袁超俊提醒他，他才明白。

尽管生活艰苦，但是大家很团结，那些结了婚的人，感情都很好。

高士融和妻子郑育眉感情极好，两个人都在华润上班，上下班总是手拉着手，坐车也总是靠在一块儿，在公司吃午饭两个人从来都是坐在一起。有一次搞联欢，表演节目，大家拉歌，高士融独唱，跑调儿了，大家笑成一片。

高士融问："笑什么，怎么了？"

郑育眉说："没事，你唱得非常好。"听她像哄小孩一样哄高士融，大家笑得更厉害了。

后来，郑育眉病了，没治好，在医院去世，埋在香港公墓，当时只有三十出头，还没孩子。高士融很伤心，每天都到墓地去看，还给自己起了一个新名字，叫高念眉。这件事使大家很感动①。

那几个孩子就成了大家的孩子，孩子们有时候就住在叔叔、阿姨的房间里，都是学龄前儿童，没有保姆，全靠大家轮流带。

袁超俊的龙凤双胞胎，叫明明和青青；林其英的女儿林之明是孩子里最大的；刘恕和鲁映的孩子刘小映出生在成和道。

说起孩子们的"姓"，我们不能不为之感动，这些老前辈把一切都献给革命事业了，包括"姓"。

这些前辈一直在白区工作，为了安全，他们都曾"化名"，他们的孩子也就随着化名而改了姓。

比如，杨琳，原名秦邦礼，他的小儿子在香港叫杨伟，没再姓秦。

李应吉原本姓郎，在香港华润期间叫张显惠，因此在香港生的孩子都姓张，叫张文、张木生、张静②。

袁超俊本姓严，孩子都姓袁。

刘恕本姓拱，孩子都姓刘。

---

① 采访郭里怡记录。
② 李应吉的妻子徐景秋回忆：1952年他们一家人回到北京，报户口的时候，户籍警察问："他们都是你前夫的孩子吗？"

这些孩子在父母身边，还算幸福；还有一些孩子，被留在老乡或亲戚家里。袁超俊来香港前把龙凤胎儿子留在内地。

这些革命前辈的彻底的革命精神，体现在生活和工作的方方面面。

成和道16号来过很多"客人"①。

钱之光的岳母，老蔡大姐，叫蔡庆熙，是蔡畅与蔡和森的姐姐，来过华润，经香港去大连，在大连站参与工作，受女儿刘昂的"领导"。

中央特别会计室主任赖祖烈来过，他提着老式皮箱，带来一箱美金，大家没见过那么多钱，好兴奋。那是中央让他送来买战略物资的。

1949年，郭里怡和李应吉的孩子张静于香港成和道16号楼楼顶

（从左至右）吕虞堂、张文（李应吉之子）、郭里怡、巢永森　照片提供：郭里怡

中央城工部秘书长童小鹏的夫人朱紫菲来过。大连站的李泽纯也来过。

这些人都是秘密来的，有的带着重要任务，有些只是路过，很快就乘坐华润公司的轮船去东北了。

---

① 采访郭里怡记录。

1950年赖祖烈在香港，时任中央办公厅特别
会计室主任 照片提供：张平

王怡明（后右）、王华生（后中）、王华生
夫人张春秀（前右）

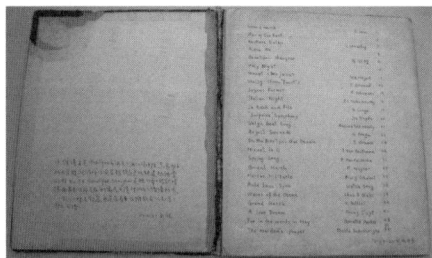

1947年祝华爱人王怡明在香港时所抄歌本

王华生的妻子张春秀、祝华的妻子王怡明都是从蒋管区来香港的，也先后在成和道住过一段时间。

王怡明在香港没安排工作，业余时间她就帮助大家带孩子，华润人组织文艺活动时，不舍得买歌本，她就帮助抄歌谱，袁超俊教歌，她抄谱。她是护士学校毕业的，爱唱歌。王怡明回忆说："我是1947年10月到香港的，祝华一直在海上押运货物，我在袁超俊家、刘恕家都住过，1948年5月我生了大儿子，7月祝华接我离开香港到朝鲜，再到大连。我不是党员，他们干什么都不告诉我。"

王怡明、张春秀分别在香港住了几个月，就随华润公司的货船去了朝鲜。她们两个都在朝鲜办事处帮忙。东北形势好转后一起去了大连，在刘昂身边工作。她们也缝过那种特制的"马夹"，往马夹里缝过黄金①。

张春秀是广东人，从没到过东北，也没有棉衣，刘昂帮她做了一件大衣，这是她平生第一次穿的棉衣。

华润人在香港，为了新中国的诞生，奉献着，节省着。他们知道，多节省一个铜板，就可以多采购一些物资；多一些后勤保障，就可以减少前线将士的流血和牺牲，同时，解放区的生产就可以早一天恢复。

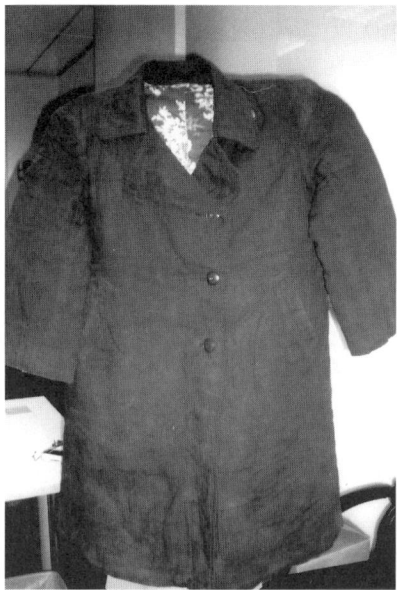

张春秀从香港到大连后，刘昂为她定做的"列宁服"

他们的纪律是"外紧内松"：出门就提高警惕，回家可以彻底放松。几十人像一个大家庭，用革命的乐观主义精神谱写着动人篇章。

---

① 采访张春秀、王怡明记录。

第九章 组建华夏航运公司

1948年9月20日，在波德瓦尔号还在海上未到罗津时，任弼时致电曾山：

> 到华东局后，即电告大连，将一万二千两黄金拨交钱之光之妻刘昂代收，速转已去香港的钱之光，以备急需。[①]

"急需"指的是什么没有具体说明，当时的工作千头万绪，哪里都需要钱，但是有一项可以肯定，就是买船，建立华润运输船队。

华润公司所租的两艘苏联货轮，此时明显地不够用了。中国大地上在打仗，火车几乎陷于瘫痪，解放军的支前物资要靠海上运输，一方面是战争的需要，一方面也是恢复生产的需要，我党必须有一支自己的海上运输队伍。

钱之光和杨琳商量，派王兆勋（王朝基）着手物色人选，并且负责购买轮船。王兆勋来自海关，熟悉业务。

他们考虑到，这个轮船公司要经常跟港英政府打交道，必须相对独立，于是，经过钱之光和杨琳的批准，并上报中央，他们给轮船公司起名为"华夏企业有限公司"，英文名称为：Far East Enterprising CO.Inc.，隶属于华润公司，王兆勋任经理。

王兆勋先租了一个仓库，叫"华夏仓库"，在香港干诺道，当

---

① 《任弼时年谱》，中央文献出版社，2004年，第583页。

时是沿海的（现在几经填海，已不同于当初），能储藏1000吨货物。仓库负责人叫黄作仑。

华夏公司，先有仓库，后有轮船[1]。

关于海员，王兆勋最先想到刘双恩。

刘双恩，又名刘锡恩、刘一平，1909年出生，福建泉州人，1927年毕业于集美高级水产航海学校，1928—1946年为中国海关缉私舰驾驶员及海关分卡外勤。1946年加入共产党，回到集美水产航海学校教书，在学校从事地下斗争，组织"读书研究会"，发展学生党员，同时兼任我党在厦门的工委书记[2]。

1948年10月，经王兆勋介绍，刘双恩来到香港与钱之光会面，二人一见如故。钱之光请刘双恩配备一条船的船员，包括各种技术人员[3]。

刘双恩接受任务后，秘密回到上海，物色可靠人选。

刘双恩认识很多海员，在上海，首先找到了许新识和陈嘉禧，他们也是共产党员。刘双恩告诉他们：我党要建立自己的船队了，需要

从左至右：陈双土、许新识、白山愚(即白立新)、周清东　照片提供：刘辛南

---

[1] 采访吕虞堂记录。吕虞堂1949年4月进华润，曾任华润出口部经理。
[2] 华润集团档案馆（第二馆）。
[3] 《风雨鹭江》，中央文献出版社，2000年，第346页。

你们到香港工作，马上搬家。

接着，刘双恩又找到刘辛南，他也是我党党员，听说要建立我党领导的自己的航海船队，欣然接受了邀请。

刘双恩又回到自己工作过的福建集美学校，在学生中陆续组织了一批海员，其中包括：白文爽、白金泉、白山愚（白立新）、白平民、陈双土（化名陈湘陶）、黄国昌、陈源深、林忠敬、周清东（化名周士栋）、张祥霖等。他们先后抵达香港。

刘松志

刘双恩把集美高级水产航海学校的校长刘崇基（刘松志）也请到了华润。刘崇基资格很老，对上面那些年轻人来说，他是老师辈儿的，抗日战争以前，他曾数次驾船远航到苏联的海参崴。

11月初，刘双恩回到香港，稍晚一些时间，他找到了周秉鈇、白开新，又把他们请到华润。

刘辛南和周秉鈇来华润之前在香港董浩云①的航运公司工作，月薪800元港币，到华润以后，供给制，月津贴50元（另外给父母抚养费30元，结婚者给妻子抚养费30元），但是，他们对此无怨无悔②。

刘双恩先后聘请了16人，加上他本人，共有海员17人。前面介绍过的晕船的于凡也进入华夏。他们成为华润华夏公司的第一批航海人员，同时，他们也是我党领导的国际航运贸易的创始人。

华夏仓库加上华夏轮船，两块业务的在岗编制，包括练习

---

① 董浩云为香港第一任特首董建华的父亲。
② 采访周秉鈇记录。

生，大约有六七十人。华夏其他员工还有：业务员潘象山，会计丁培举，她是余秉熹的妻子。

在刘双恩忙于招募人才的同时，王兆勋在购买轮船。

王兆勋从爱国商人刘浩清那里买到一艘二手船，命名为"东方号"（Oriental），该船为3500吨客货两用船。

这样，华夏公司在1948年秋季，诞生了。

公司经理：王兆勋

船长：刘双恩

报务员：刘志伟

大副：刘辛南

二副：陈嘉禧

三副：许新识

东方号是一条老船，用人较多。烧煤，轮机部十几人；水手十几人；理货部十几人；由于是客货两用船，管理部（餐厅）也有十几人，能做西餐和中餐。

公司成立以后并没能

左：许新识，右：陈嘉禧

马上投入运营，原因是：其一，由于是旧船，需要整修。其二，如何注册也成了问题。

当时共产党还没有建立政权，没有国旗，轮船在海上行驶，挂什么旗呢？谁都知道，轮船是一个国家流动的领土，它所悬挂的国旗，就是祖国的象征。

刘双恩很了解国际航海情况，英文很好，他知道，巴拿马是一个航海业很发达的国家，而且欢迎别国的轮船注册巴拿马国籍，以便从中收取一定的代理费。刘双恩建议：华夏公司注册巴

华夏东方号轮上的第一批船员，1949年初于香港 照片提供：刘辛南

拿马国籍，东方号挂巴拿马国旗①。

一边修船，一边注册，一边培训这些新加入华润的员工。

白开新穿华夏船员冬季制服，摄于1949年

当时国民党军舰在珠江口把守很严，时常搜查进出香港的船舶。刘双恩要求大家：不该问的事不能问，不该知的事不能知。这是为了大家和个人的安全。

公司给大家制作了服装，刘双恩亲自给大家示范，还讲授礼仪课程。

在这段时间里，王兆勋和刘双恩等还制定了英文版的公司规则、合同范本、货单。东方号一开始就具有一整套合乎国际航海规则的经营手续，

---

① 《风雨鹭江》，中央文献出版社，2000年，第347页。

有一整套正规的运营文本。

就这样，在新中国诞生以前，党中央的直属机构华润公司拥有了第一条自己的远洋轮船。由华夏公司所建立的国际贸易规则、合同文本、提货单等，日后都成为我国国际航运的范本，解放后直至改革开放前一直沿用。

华夏公司刘双恩等于1949年创建的单证之一。由华夏建立的各种贸易单证以及规章制度，在新中国建国后被广泛使用

开头我们提到，要把那么多黄金带到香港，怎么带进来的呢？

在采访中，我们了解到这样一个细节。据华润老员工朱仲平回忆：有一次轮船从国内运来很多粉丝，大概有1000多包，包装很大，每包有200斤左右，他们负责卸货。领导告诉他们：粉丝"外包装"上有一些做了记号，你们卸货的时候，把这些有记号的挑出来，放在一边。他们就这样做了，挑出来20包。等到晚上，公司领导就亲自上船了，再用汽车把这些粉丝运走。有时候是运到汇丰银行，有时候是运到宝生银号。

前面第五章曾提到过，杨琳在汇丰银行租了一个保险库，可以存放；而宝生银号是我党领导的。朱仲平当时很年轻，不知道怎么回事，还以为是给他们送货，解放以后说起这些事情，他才明白，原来粉丝包里藏着黄金。

这只是一个例子。

购买东方号以后，华夏公司很快又购买了Orbital，之后，

1948—1949年，华润购买了十艘船，其中四艘以M为字头，MODENA（梦荻娜）为其中一艘，照片为吕虞堂夫妇在船上留影 照片提供：巢永森、许莹

左起：巢永森、徐景秋（李应吉夫人）、郭里怡、万立在船上留影

又在德国、美国、英国分别订购了几条大轮船。1949年下半年，这些船先后注册，包括：奥弥托、碧蓝普、港星、梦荻娜、梦荻莎、莫瑞拉等，其中有四艘是万吨巨轮。华东运通公司的几艘小船也并入华夏。

这些轮船中，奥弥托专跑日本，把马鞍山的铁砂存货约30万吨①出口日本，再采购工业原材料运回。许新识、白文爽、林春魁等曾在这条船上工作过。

---

① 《陈云年谱》，中央文献出版社，2000年，第567页。

第十章　贸易支前（之一）

1948年10月13日《华商报》报道："国民党经济机构派遣大批经济特务到达香港。"

这些特务也在秘密监视华润公司的采购和销售活动，并寻找一切时机从事破坏活动。这使华润公司的进出口工作更加危险。

那时的采购工作充满了陷阱，稍不留神就会造成损失。

有这样一件事。

有一次，华润从香港运回哈尔滨一批"针布"，出了问题。

针布是纺织用的一种消耗性部件，装在梳棉机上，外表有些刺，用于梳理棉线。针布上的刺磨平了，就要换新的。

华润员工没人见过针布，这些人大多军人出身，不懂也不足为怪。负责采购的人员找到香港的一家公司，向老板请教，那个老板很主动，热情地说：我来帮你们进货。

他买了很多。

针布运到哈尔滨后，纺织工人说：这些针布是用过的，是废品。陈云知道后大发雷霆，批评华润浪费了资金，还耽误了纺织厂的复工。

消息传回华润后，华润员工马上去找那个香港老板，他早已逃之夭夭，连公司都没了。

至今无法确定那是一次特务破坏，还是一次单纯的经济诈骗。

杨琳为此很难过，他所领导的公司为根据地采购物资十余年，这是第一次出错①。为了吸取教训，他们用这件事教育员工，在周六的党支部会议上，大家就这件事做了批评与自我批评，要求每个人一定要提高警惕。

记录"针布事件"是想告诉读者：华润不是没有失误，华润的先辈是了不起的英雄，但是，他们也犯过错误，也上过当，受过骗。这并不影响他们的光辉形象，相反，正能体现出他们的成长历程，后来，正是这些人成为新中国对外贸易和纺织工业的奠基人。

下面我们要记录的是华润对"人民币"诞生做出的巨大贡献。

1947年下半年，中共中央决定成立"中国人民银行"，统一发行"人民券"（即人民币），尽快统一各解放区的货币，从而遏制国民党造成的通货膨胀。为确保人民币的发行，开始由东北解放区代印人民币。华润公司受陈云委托为东北局购买印钞纸。

此前，东北局发行过"东北币"（又称东北票），其用纸一部分是苏联进口的，一部分是自己用线麻生产的。

由于印钞量太大，苏联进口纸常常不能及时运到，自己生产的漂白纸和米色纸也供不应求，主要是缺少棉麻。

1947年11月，王华生第一次押运阿尔丹号来香港，回程的船上就装有印钞纸②。

1948年下半年，华润从香港运回500吨棉麻，用于造纸③。

1948年12月17日，周恩来、董必武致电东北局陈云和李富春："为满足关内各地对人民银行新币的迫切需要，商定由东北加印人民银行新币五百亿元。"次年2月初，周恩来和中央又做

---

① 袁超俊：《华润——在大决战中创业》，《红岩春秋》1998年第2期。
② 王华生回忆文章，华润集团档案馆（第三馆）。
③ 《陈云年谱》，中央文献出版社，2000年，第550页。

出决定：3月至6月加印8000令纸的人民币[1]，供南下部队及各地投资恢复生产使用。

我们是外行，无法知道印500亿不同面额的钞票用多少纸，但我们知道"一令纸"为500张，印钞纸比较厚，8000令纸要装多少车啊。

这些纸的来源，主要依靠进口。那些日子里，华润采购了大量印钞纸，香港市场上的纸都被华润买光了，一时间"洛阳纸贵"。现货不够，就买期货，有一次买到300手（约300吨），等不及再买，把300吨印钞纸装上船就开船，经罗津运到哈尔滨[2]。华润还通过海外华侨在东南亚购买，也通过英国洋行公司从英国、美国进口。

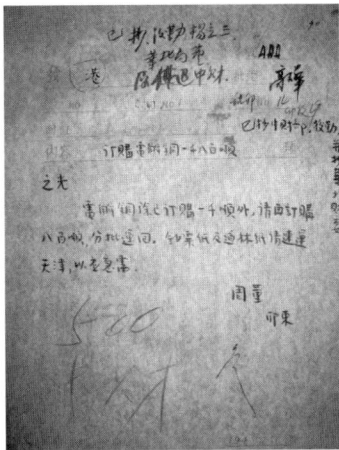

周恩来、董必武给华润董事长钱之光的电文。1949年春，平津战役后，为恢复生产发展经济，急需电解铜等物资，同时，为在解放区发行人民券，急需印钞纸印制钱币

郭里怡回忆说："陈云来电里有很多是关于购买进口印钞纸的。"由于买得太多，加上纸张体积大，所以，许多人都记得这件事[3]。

1949年4月1日，周恩来、董必武致钱之光电：

之光：

电解铜除已订购一千吨外，请再订购八百吨分批运回。钞票纸及道林纸请速运天津以应急需。

周（恩来）董（必武）

---

① 中共中央文献研究室编：《周恩来年谱》，中央文献出版社，1998年，第823、832页。
② 王华生回忆文章，华润集团档案馆（第三馆）。
③ 采访郭里怡、吕虞堂、韦志超记录。

华润公司不仅买印钞纸，还大量采购新闻纸。我党历来重视办报，所以，进口新闻纸一直是华润的业务之一，从1938年就开始了。

据郭里怡回忆："那时香港人都说：华润公司一定有后台。"因为，公司采购数量大，品种又多，能左右香港市场。电文中所说的1800吨电解铜，就是一例。

前线战士需要军装，华润公司采购棉花、布匹、胶鞋等一直是一项常规性任务。

1948年11月4日香港报纸报道："本港工业逐渐恢复繁荣，工人缺乏，厂家急于招聘。"文中说：此前，本港织布厂同业会322家会员中，停工及倒闭的达182家之多，失业工人在6000名以上。但近月来，订单增加，已有60家左右陆续开工。此外，铁钉、油漆等也供不应求。

辽沈战役结束后，平津战役随即爆发，华润支前的脚步从罗津港到大连港，又到了秦皇岛港、天津港。

据《华商报》1948年10月29日报道："哈尔滨80万市民争当支前模范，每天完成军服3700套，学校儿童10天之内写了10万封慰问信，做了10万个慰问袋送给解放军。"做军服所用的布匹、棉花，大多是华润买回去的。

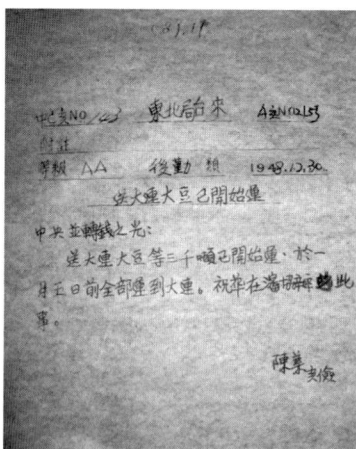

1948年12月26日东北局陈云和叶季壮致电中央：

中央并转钱之光：

送大连大豆等三千吨已开始运，于一月五日前全部运到大连。祝华在沈协办此事。

　　这是东北局运交华润的另外一批出口物资。随着出口物资的到达，采购的货单也随即到达。

　　港英政府和英国政府很快就发现了华润的购买实力，开始主动与华润联系，愿与华润交换物资。

　　我们在档案馆找到这样一封电文，是1949年2月6日罗迈（李维汉）发给董必武的[1]。

　　2月6日罗迈致董：

　　　　杨琳刘恕1月29日来电如下：

　　　　1、经委会与英商银行团（包括保守党国会议员及战时供应部负责人）初步接触，彼方积极与我交换物资。

　　　　2、彼方认为此种交换系商业性质，以不违犯国际公法不装运军火为原则，并将取得英政府默契，英方表示不愿中国交易为美国独占。

　　　　3、交换范围以我方农、矿产品交换英方工业、日用等产品。

　　　　4、交换地区在我控制区之港口，可停千吨大船，有港务船务设备者，船由英方供应，并负责运输船只，在我方港口安全卸载之时限，须提供充分保证，损失须（我方）赔偿。

　　　　5、英方提议要求我方能具体和详细说明双方之交换物质量及种类，提供交换地名、港口、船务货舱等设备之详情，双方商量机构，拟设在星加坡[2]，船挂工业旗。

　　　　6、英方计划及目的甚庞大。

　　　　7、我等另提出一大规模军用运输，由我方负责以二千吨船之物质，至英方指定港口交换，详另电。

────────────

① 罗迈在山西后委，城工部在这里，华润多与城工部联系。董必武此时还在陕北前委。
② 即新加坡。

杨琳和刘恕的这封电报能说明许多问题。

其一，华润当时与美国的贸易很多，这可能是因为杨琳沿袭了抗日战争时期的习惯，抗战时期，美国是中国的盟军。当时，香港八路军办事处、杨琳的联和行、宋庆龄的保卫中国同盟，都与美国人比较友好，在香港，与美国洋行接触也多一些，杨琳的夫人黄美娴又是美国伊利诺大学毕业的。

其二，英国主动提出提供运输货船，而且港口由我方划定。

其三，不排除交换军事物资的可能。

其四，双方谈判地点设在新加坡，这说明，华润需派人常驻新加坡。

此前，华润公司有人常驻美国、日本，此后，在新加坡和英国也有了常驻代表。

第十一章　护送民主人士北上（之二）

第一批民主人士在香港"消失"后引起舆论界种种猜测，这给第二批运送计划带来许多麻烦。华润和港工委负责同志都一再强调要"绝对保密"，护送工作不能出现任何差错。

1948年9月，辽沈战役还在进行中，解放战争的形势还没有产生决定性的变化，加上美国政府支持蒋介石，在这种情况下，一些中间人士还处于观望状态。

为了保证新政协会议的顺利召开，1948年9月，周恩来等拟定了一份77人的民主人士名单，电告华润：务必将他们安全地送回解放区①。我们在档案馆找到了这份名单。

名单上的人有一些不在香港，他们还在内地，在上海、昆明、重庆、成都等国统区。比如许广平，还在上海。现在的任务是，要派人把他们接到香港。这些人的生活大多很清苦，请他们到香港来，他们很可能没有举家迁移的路费。

钱之光、杨琳等决定：派人回内地接应，并送路费。

徐景秋参加了这项工作。1948年秋季，她化装成少妇，提着一个皮手袋，里面放着首饰和钱，乘火车北上，先到桂林，再到重庆，又到成都。她把经费和行程计划交给当地的地下党，再由他们交给民主人士②。

在当地地下党组织的配合下，民主人士陆续抵达香港，与华

---

① 中共中央文献研究室编：《周恩来年谱》，中央文献出版社，1998年，第808页。
② 采访徐景秋记录。

润或港工委取得了联系。徐景秋记得，她联系了好几个人，当时大家都用化名。

徐景秋本是书香门第，父亲早年留学法国，搞铜板制造和枪支设计。徐景秋1939年与李应吉结婚，在川东地区以教师身份为掩护，从事地下工作。严酷的环境让她经历了太多苦难。1940年，他们的第一个孩子出世后不久就送给了老乡，他们夫妻二人秘密转到湖南。两年后，条件好转，她再回丰都，寻找自己的孩子。在地下党的帮助下，她找到了当初收养孩子的那个老乡，孩子两岁了，刚会走，骨瘦如柴，正患痢疾，病情严重。谢过老乡后她把孩子带了回来，送进医院。战争时期，医院条件很差，传染病相互交叉，消毒也不彻底，孩子在医院里住了七天就死了。

徐景秋在华润是交通员和资料员，常出入香港和深圳之间，送情报时，把情报藏在鞋子里，有时藏在发髻里。

鲁迅的夫人许广平和儿子周海婴也在这个时候被接到香港，谁负责接的，我们没能采访到，但可以肯定，是香港派人送去了经费[①]。

苏联货轮波德瓦尔号从东北再次返航，杨琳推算，待轮船到香港后，卸完货，第二批民主人士在11月上旬可以启航，大家开始分头通知民主人士，让他们做好准备。

可是，就在11月1日下午5时10分，意外发生了：波德瓦尔号轮船在香港鲤鱼门与一艘英国轮船相撞，船舱进水。

香港《华商报》1948年11月5日记载：

> 本月一日下午五时十分，英国太古轮船公司蓝烟通轮沃米亚号，在鲤鱼门海口与苏联货船波尔德华号（即波德瓦尔）相撞，苏轮船尾撞毁沉下，货舱入水，货物浸湿，

---

① 周海婴：《鲁迅与我七十年》，南海出版公司，2001年。

关于该两轮相撞事件，海事处奉港督命组织特别海事法
庭，昨日开庭研究。

袁超俊负责打官司，他拍了好多照片，包括轮船及船上货物
受损的照片，准备索赔[1]。

他们很快意识到：这是一场旷日持久的官司，运送第二批民
主人士的任务不能由这条船承担了。可是，阿尔丹号还在回去的
海上，也等不及。

钱之光和杨琳等紧急决定：在香港就地租一条船。

王兆勋和林其英等负责租船。他们租了一艘800吨的小轮
船，原名叫"华中号"，挂挪威国旗[2]（该船后被我党领导的运通
公司买下）。

第二批民主人士于
11月23日启航，包括：
郭沫若、翦伯赞、许广
平和儿子周海婴、马叙
伦、陈其尤、沈志远、
丘哲、朱明生、许宝
驹、侯外庐、曹孟君、
韩炼成、冯裕芳等[3]。

华润的王华生负责
货物押运。

港工委的连贯负责
陪同。

1948年12月摄于"华中轮"北上途中，右起：
侯外庐、郭沫若、许广平、周海婴

① 该船在九龙船坞修好后，可以继续运营，不久后运货返回东北。
② 王烈：《钱之光传》，第241页，另见杨奇《风雨同舟》第32页及《风雨鹭江》（中
央文献出版社，2000年）第24页。
③ 一说宦乡也在船上。

　　行程中，许广平一直为儿子周海婴织毛衣，郭沫若因此为周海婴题字："团团毛冷线，船头日夜编。北行日以远，线编日以短。化作身上衣，大雪失其寒。乃知慈母心，胜彼春晖暖。"附言中写道："1948年11月月杪，由香港乘华中轮北上，同行者十余人。广平大姊在舟中日夕为海婴织毛衣，无一刻稍辍，急成之以备登陆时着用也。因此成章，书奉海婴世兄以为纪念。郭沫若，11月28日。"①

　　11月2日辽沈战役已经结束，东北全线解放。大家在船上开联欢会，郭沫若、马叙伦、丘哲等还在船上写诗朗诵。

　　为缩短行程，轮船改在长山群岛抛锚，再用小船把人员运上岸，送到安东（今丹东）。东北局负责同志前往迎接，并陪同北上哈尔滨。

　　第二批民主人士离开香港以后，不仅国民党特务有所察觉，港英政府也有所察觉，港英政府官员以洽谈业务为名，来华润打听情况②。

　　为了保证第三批运送工作顺利进行，华润公司和港工委决定：利用圣诞节的机会启航。这次护送的民主人士有李济深、朱蕴山、梅龚彬、邓初民、章乃器、施复亮、彭泽民、茅盾、王绍鏊、柳亚子、马寅初、洪深、孙起孟、吴茂荪、李民欣③。

　　因为李济深在其中，所以要格外小心。李济深是国民党革命委员会主席。当时，各派政治势力都在拉他，港英当局与他常有联系；美国驻香港的领事馆也在频繁地与他接触，美国希望通过他扶植国共以外的"第三种势力"；国民党特务对他盯得很紧。白崇禧还曾亲笔写信，企图与他合作。

　　1948年12月26日上午，钱之光、杨琳和港工委安排李济深接

① 周海婴：《鲁迅与我七十年》，南海出版公司，2001年。
② 华润集团档案馆（第三馆）。另见《钱之光传》。
③ 杨奇《风雨同舟》第38页记载，还有王一知、魏震东、徐明等。

受"合众社"记者采访①。

> 记者问：听说明春将召开新政治协商会议，届时李
> 将军将前往参加否？
> 李答：新政协现在积极筹备中，明春正式召开时，我
> 是可能前往参加的。

李济深公开接受记者采访，做出当天根本不会离开香港的
假象。26日晚上，他在中环半山罗便臣道的家里，与家人一起吃
饭，家里的窗帘故意拉开，特务们可以看见他在家里，衣架上挂
着他的衣服。港英政府在他家对面的楼里租了一层楼，也派了几
个特工监视，名曰"保护"。李济深在家里与大家举杯饮酒，过
圣诞节。吃到一半，李济深起身去洗手间，随即出了后门，我党
安排的小汽车刚好赶到，李济深上了车。

小车一直开到坚尼地道126号，这是《华商报》董事长邓文
钊的家。杨琳和邓文钊在抗战时期就是老朋友。

邓文钊在家里举办圣诞联欢，何香凝出席晚宴为李济深等送
行，一派歌舞升平的节日景象②。在晚宴进行的同时，其他民主人
士陆续被接到铜锣湾避风港，他们每人都有专门的接送员带引，
登上小游艇，然后好像是去油麻地游览夜景，在不知不觉中将民
主人士送上阿尔丹号轮船。游艇往返多次，半夜时分，李济深从
邓家出来，也登上游轮，装作继续欢聚，在海上游览香港夜景，
在夜色的掩护下，小游轮驶近阿尔丹号轮船，李济深神不知鬼不
觉地登上轮船，小游艇上的其他人继续游览。

12月27日上午，阿尔丹号轮船驶出香港。

---

① 《华商报》1948年12月27日。
② 杨奇：《风雨同舟》，香港各界文化促进会，2004年，第40页。

徐德明、徐静夫妇及其儿子

港工委派李嘉仁陪同。

华润的货物押运员是徐德明。

我党负责人龚饮冰、卢绪章随行。那时解放区需要大批懂经济的干部，在香港工作的我党干部被不断地调回国内。

刘昂在大连部署迎接。周恩来电示刘昂：给民主人士安排大连最好的宾馆，为确保安全，要住单间；要举行欢迎宴会。一月天气寒冷，香港与大连温差超过40摄氏度，周恩来指示：要准备好皮大衣、皮帽子、靴子等。

阿尔丹号在海上逆风行驶，坏了一个引擎，走了12天，于1949年1月7日才到达大连，中共中央派东北局的李富春、张闻天

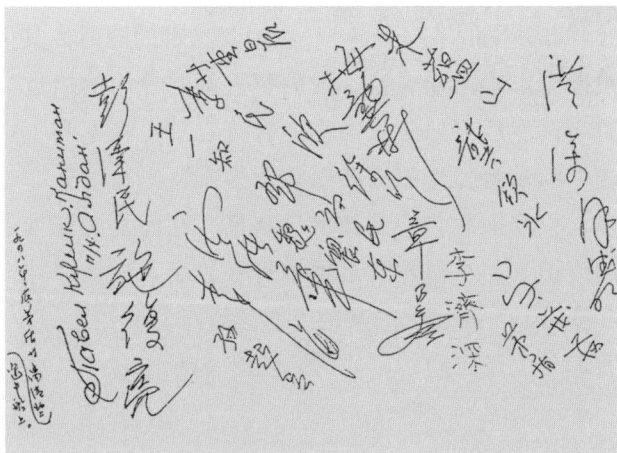

1948年12月，李济深、茅盾、洪深、彭泽民、朱蕴山、邓初民、吴茂荪、龚饮冰、梅龚彬、施复亮等人在"阿尔丹号"货轮上签名留念

及大连市委的欧阳钦、韩光、李一氓，还有刚回国的朱学范到大连迎接。他们在大连游览了市区，还参观了几家工厂，然后乘专列于1月14日到达沈阳①。

他们到沈阳的当天，毛泽东、朱德、周恩来即致电李济深等②：

闻公抵沈，敬表欢迎。

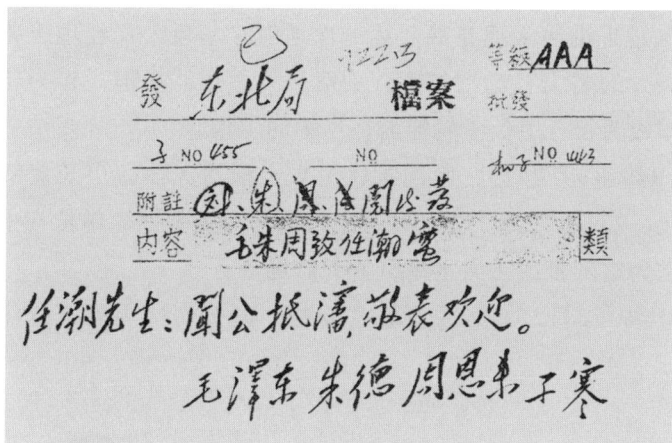

1949年1月12日，毛泽东、朱德、周恩来发电报给李济深，欢迎抵达东北解放区参与新政协的筹建

不久，在沈阳，陈云为回到解放区的李济深、沈钧儒等五十多位民主人士举行了盛大的欢迎仪式，千余人出席大会。会后，还有秧歌表演，刚刚解放的沈阳沉浸在欢乐的海洋里③。

1949年1月15日天津解放。1月31日北平解放。2月25日，林伯渠陪同前三批到哈尔滨和沈阳的民主人士乘专列从沈阳到

---

① 王烈：《钱之光传》，中国文联出版社，1993年，第245页。
② 《周恩来年谱》，中央文献出版社，1998年，第827页。
③ 采访陈云夫人于若木记录。

达北平。

第四批民主人士于1949年3月14日起航，这次是租用的挪威轮船Davikon，这时平津战役已经结束，黄炎培、盛丕华和儿子盛康年、俞震寰等民主人士在华润公司财务经理刘恕陪同下，直驶天津。同船还有二十几位文化界名人，如叶圣陶、郑振铎、曹禺等。

广大华行地下党员杨延修等同船北上，调回解放区参加接收上海的准备工作。

这是香港与天津在战后第一次通航，华夏公司经理王兆勋以轮船买办的名义在船上指挥。刘双恩熟悉华北航道，作为普通船员与挪威船长一道负责轮船航行当中的工作。

1949年3月24日，第四批民主人士抵达天津，市长黄敬等前往迎接，25日到北平①。26日，中共北平市委等四家单位在中南海怀仁堂为这四批民主人士举行盛大欢迎会。

1949年3月25日，毛泽东、朱德、刘少奇、周恩来、任弼时

1949年3月25日，毛泽东、朱德等率中央机关和解放军总部进入北平，民主人士到机场迎接

① 《周恩来年谱》，中央文献出版社，1998年，第835页。另据采访刘恕记录。

1949年初，奔赴解放区的部分民主人士在华中轮上合影。二排左起：柳亚子、陈叔通、马寅初；三排左起：傅彬然、沈体兰、宋云彬、张绚伯、郑振铎、叶圣陶

1949年5月，部分文化名人回到北平

率中央机关及解放军总部人员从西柏坡抵达北平，在北平西苑机场举行阅兵式。检阅结束后，毛泽东就开始与民主人士一起商讨建立新中国的大事。

北平解放后，要求回国的爱国人士纷纷从世界各地回到香港。华润华夏公司的东方号等货轮此后又多次满载着爱国华侨、文化名人驶向大连或刚刚解放的天津。第五批达250余人，包括许多电影演员和作家①。黄药眠、钟敬文等100余人是第七批。在隆隆的炮火中，华润公司先后把350多位民主人士和700多位文化名人及爱国华侨运回大陆②，保证了新中国政治协商会议的顺利召开。许多民主人士、文化名人以及爱国华侨在新中国诞生以后担负起重要使命，为新中国的发展做出很大贡献。

李济深：中央人民政府副主席；

沈钧儒：政协副主席，最高人民法院院长；

黄炎培：政务院副总理，轻工业部部长；

郭沫若：政务院副总理；

蔡廷锴：政协委员、人民政府委员、人民革命军事委员会委员；

谭平山：中央人民政府委员，人民监察委员会主任；

章伯钧：政协常委；

茅盾：政协常委，政务院文教委员会副主席，文化部长；

马叙伦：政协常委，政务院政务委员，教育部长；

孙起孟：政协会议副秘书长，政务院副秘书长；

马寅初：政协委员、人民政府委员、政务院财经委员会副主任；

许广平：政协委员、政务院副秘书长；

① 杨奇：《风雨同舟》，香港各界文化促进会，2004年，第46页。
② 杨奇：《风雨同舟》，香港各界文化促进会，2004年，第50页。

参加第一次中国人民政治协商会议的国
民党革命委员会代表

国民党民主促进会的代表

民主建国会的代表

中国农工民主党的代表

中国致公党的代表

中国人民救国会的代表

三民主义同志联合会的代表

台湾民主自治同盟的代表

无党派民主人士的代表

中国民主同盟的代表、候补代表

九三学社的代表

宦乡：政协委员兼秘书长；

沙千里：政协委员、贸易部副部长；

柳亚子：政协代表、人民政府委员。

我们不想——列举他们的职位和头衔。像华润老前辈一样，他们在抗日战争和解放战争中，都是中国历史舞台上的活跃人物，他们的传奇经历都是中国革命史的组成部分。

第十二章　活跃的香港

1948年对于华润公司来说，既繁忙，又紧张。工作千头万绪，事业蓬勃如万舸争流。

华润是在香港诞生和发展壮大的。在这一章里，我们向读者描述一下香港当时的情况，以及我党在香港的组织机构。有些内容虽不属于华润史，但是，作为华润成长的大背景，这些材料还是很有意义的。

抗日战争爆发前夕，为了躲避战争，大批内地企业迁到香港，香港的工厂一度超过2000家。尤其是纺织业，香港著名纺织厂基本上都是上海纺织大亨开办的[1]。太平洋战争爆发后，香港被日本人占领，此后，大量人口外流到东南亚地区，人口数量从150万减到50万。

抗日战争胜利后，海外人口开始回流。同时，港英政府有意识地吸引中国内地的资金和劳动力，边境对内地开放，进出不受限制。战后不久，中国内地爆发内战，人口大量外流。从1945年秋到1947年底，两年时间里，香港人口从50万增加到180万。

直到1949年，香港政府才通过了"移民管制条例"，并开始颁发居民身份证[2]。

内地资本和廉价劳动力同时进入香港，带动了香港经济的发展。1948年时，香港主要经济支柱是航海业、船舶修理业、捕鱼

---

① 冯邦彦：《香港华资财团》，三联书店（香港）有限公司，1997年，第138页。
② 杨奇：《香港概论》，三联书店（香港）有限公司，1997年，第311页。

业。战后早期工业包括纺织业、制衣业、塑胶业、胶鞋业、玩具业、炼糖业等。

除了资本和劳动力以外，内地文化人士和文化产业（出版、电影公司）也进入香港，使香港这片历史上的"文化沙漠"成为"文化绿洲"。

这些人大多是在1946年9月以后陆续到达的。9月下旬，周恩来在上海听取连贯和杨琳的汇报之后，他说："蒋介石完全撕毁了和谈的假面具，全面内战已经爆发。……有些民主人士、文化人以至我们的干部要疏散到香港、东南亚一带。"①

这里有必要加一句题外话："统一战线"一直是我党的"三大法宝"之一，对于民主人士和文化名人，我党一直采取关心和保护的政策，在我党的关怀下，这些人士经历了三次大的流动。

第一次，1941年12月，日军占领香港，香港八路军办事处和东江纵队把800余位民主人士和文化名人救出香港，送到大陆后方。

第二次，1946年秋季内战爆发前，我党把他们从大陆送到香港。

第三次，1948年到1949年，华润公司和港工委把350多位民主人士和700余位文化名人从香港护送回解放区。

千余位政治精英和文化精英聚集在香港，使当时的香港成为一个极其活跃的地方。

报纸、杂志纷纷创刊或复刊：《正报》、《华商报》、《愿望》周刊、《群众》周刊、《经济导报》、《光明报》、《人民报》、《文汇报》、《周末报》、《自由世界》等。

出版社、书店先后成立，包括：新民主出版社、大千出版社、有利印务公司、南国书店、人间书屋、中国出版社。

---

① 《周恩来年谱》，中央文献出版社，1998年，第712页。

新闻社包括：国际新闻社香港分社，新华社香港分社（其分社开到了新加坡和伦敦），还有新华南通讯社。

艺术团体包括：虹虹歌咏团、中原剧艺社、中国歌舞剧艺社、人间绘画、香港新音乐社（中华音乐院）、秋风歌咏团（文通）、南国影业公司、华南文工团。

几个大的民主党派，除九三学社留在内地外，其他七个：民革、民盟、民建、民促、台盟、农工党、致公党，都在香港形成了一定的影响力。

与英国殖民教育相抗衡，左派学校诞生：达德学院、南方学院、中国新闻学院、港九劳工子弟教育促进会（劳校）、建中工商专科学校、香岛中学、培侨中学、汉华中学等。

"如果说战后初期香港进步文化阵地的主角是文化人，那么，导演就是中共在港组织。"[①]

我党在香港的组织机构，除中央直属机构外（如华润），还包括地方党组织。

1947年初期，香港分局负责人由刘长胜、方方、林平、潘汉年、刘宁一、梁广、章汉夫、夏衍、连贯九人组成。5月，刘长胜调回上海局，刘宁一常驻世界工联，香港分局由方方任书记、林平为副书记，五位委员。

香港分局下设四个平行组织：香港工委、南方区党委、琼崖区党委、城市工委[②]。那时香港分局领导的地区不限于香港，还包括两广、海南等地。四个机构中，香港工委的活动主要在香港。

华润公司直属中央，与香港分局在组织机构上不发生横向联系。但是，华润公司会按照中央指示对香港分局给与一定的财政支持，包括文化活动的开支。上面提到的文化组织，他们除了自

---

① 袁小伦：《战后初期中共利用香港的策略运作》，《近代史研究》2002年第6期，第143页。
② 《周恩来年谱》，中央文献出版社，1998年，第735页。

主经营有少许收入外，活动经费主要也由华润公司提供[1]。

华润公司的主要负责人跟香港分局的负责人彼此很熟悉，他们大多来自八路军办事处，尽管认识，也不可以随便来往，基层党员绝对不可以以党员身份来往。经费支付也是在极其秘密的情况下完成的。

建国前，设在大连的中华贸易公司负责从东北局接手出口货源，华润公司负责在香港出售他们提供的商品，并采购进口物资。我党当时还实行供给制，各地物资常以划拨的形式进行交换，中央特别会计室严格记账。华润公司的发展实际上得到了全国解放区的支持，同样，华润人也为全国的解放事业做出了独特贡献。

我们在档案馆找到了一份预算报告，是华润公司1948年12月至1949年5月的开支计划。

电报是1948年11月10日钱之光等上报中央的，毛泽东、刘少奇、朱德、周恩来、任弼时、彭德怀、杨尚昆阅。

毛刘朱周任彭杨阅
经费类 1948.11.10

半年经费预算数字

港分局、工委及有关各单位每月经费预算若依现状而言，最近半年（从今年戌月至明年五月）的数字如下：分局一千五百元，文委一千二百元，群委一千元，经委一千三百元，群众三千元，国新社二百元，劳协一千元，外委三千三百元，新华社三千元，华商五千元，统委

---

[1] 袁小伦：《战后初期中共利用香港的策略运作》，《近代史研究》2002年第6期，第144页。

二千五百元，小开三千元，钱、汉（西南）五千元，医药一千元，临时费三千元，电台（现有预备台二个，现用台二个，机要处三处）四千元。此次尚有二笔新增经费：

（1）儿女教育费，以前组织并未负担此项支出；但各人又不能不使子女入学，颇困难，故至酉月份起，每人（从六岁至十二岁）每月津贴二十元学费，全体大约一千元。

（2）经委、外委、文委之研究室以前皆无经费，由各负责人自筹，近为加强收集材料，决给与经费，使工作能更发展，此项经费主要用于建立沪、宁、穗之调查通讯网及托人从纽约、伦敦剪得材料，各需七八百元，三处每月二千元。以上各项每月合共港币四万二千元。请中央批准。

周恩来和任弼时的回电如下：

> 你们所提预算可以同意，惟华商报已拨五百两金子，小开处经费已由中情部送去，不应包括在此预算之内，故每月经费应为三万四千港币，望之光照此数拨发。
>
> 周、任

1、电文中说钱、汉五千元，"钱"指钱瑛，她此时正在搞干部培训。"汉"是什么意思，我们还不了解。"西南"指的是第10期培训班，学员来自西南地区（下一章将讲到）。

2、从教育费推算，当时的孩子有50个左右。那时华润公司的员工大多很年轻，而华润和港工委的领导人中，很多人没把孩子带在身边。每个孩子20元，包括学杂费、交通费。孩子们上学多是去培侨中学附属小学，学校讲普通话。杨琳的儿子杨伟回忆说："我在培侨中学才学会普通话。"

3、回电中"小开"指潘汉年（化名肖恺），他此前在香港的经费时常由华润公司（联和公司）承担①。

4、电文中还提到研究室"收集材料"的费用。这项工作也是当时的重要工作之一。国内还处于战争时期，对国际市场根本不了解，甚至不知道外汇牌价，那时，掌握相关的经济资料，对于即将成为执政党的我党领导人来说，至关重要。

1948年6月11日，周恩来曾致电香港工委：

> 我们需要全国资源、银行、工厂、矿产、交通、贸易、农林畜牧及财政收支、官僚资本活动等等有系统的调查统计资料，……指定若干有兴趣的同志长期做研究工作，暂时不做政治活动，保证材料不受损失。②

此后，华润公司抽调出专门人员做经济信息和研究工作。华润研究所自那时成立起延续至2007年。较早的研究人员包括：高平叔、杨西孟、姚念庆等，他们曾留学美国。广州解放前，仅研究广州资料的研究人员就多达53人，对接收广州起到了重要作用③。华润研究部有很系统的研究计划和主攻课题，水平很高。后来开办《商情汇报》杂志，张敏思、周德明加入；华南局的杨文炎也加入华润研究部④。

以上开支经中央批准后，钱之光、杨琳和会计刘恕就按月支付了，每月3.4万港币。

在解放战争时期，香港迎来了快速发展的大好时机，虽然各种政治势力在这里角逐，但是并没有影响其作为自由港的地位。

---

① 采访刘恕记录。
② 《周恩来年谱》，中央文献出版社，1998年，第795页。
③ 《解放战争时期中国共产党在香港的财经工作》，《中共党史资料》，第54辑。
④ 采访周德明记录。周德明回忆说：1952年组建外贸部，内设研究所，早期研究人员主要是从华润调过去的。杨西孟曾任副所长。姚念庆后从外贸部研究所调去筹建外贸学院，任系主任。

相反，各国政府出于对中国命运的关心，纷纷派外交人员在香港设立领事馆或驻港机构，这在一定程度上也促进了香港经济和文化的繁荣。

香港市场繁荣，林林总总的店铺招牌挂满街道两侧，在香港，什么都能买到，什么都能吃到，什么人都能见到。在采访的过程中，常听老人们讲道：连"死人"都能见到。报纸上明明说某年某月某日某某某死亡，可是，说不定哪天，在大街上就遇到他了，真搞不清是人还是鬼，是叛徒还是特务，只好装作不认识，擦肩而过。

袁超俊在香港的电梯里恰巧遇到曾经抓过自己的国民党特务，两个人乘一部电梯，好在对方没认出他来[①]。也许彼此都认出来了，袁超俊高大英俊，特征很明显。我们估计，是因为双方身份都变了，任务也变了。

香港因繁荣而复杂，因此，华润公司严格规定：单个人不许上街，出门一定要两人以上，临行前要报告，无特殊任务，晚上9点前要回宿舍。

---

① 采访袁超俊之子袁明记录。

第十三章　国新公司

1948年初，随着解放战争的深入，我党在领导军事斗争的同时，开始部署建国大事，培训干部是其中的一项重要工作。从国民党手里接管新解放的城市，这些接收干部必须熟悉经济工作。如何做好城市的接收和管理工作，毛泽东和党中央对此非常重视。

中央决定，干部培训工作放在香港。

港工委的主要领导都参与了培训讲课。

中央派钱瑛①分管干部培训，一段时间里，她来香港暂住。由于她分管的组织工作比较忙，难以常驻香港，日常培训则由李应吉主管。具体工作人员是万景光。

万景光是最忙的工作人员之一。

1947年春季，万景光受地下党的派遣，到香港建立联络站。到香港后，他与岳父的好朋友合办了一个小公司，以商业作掩护，主要任务是接待来往人员，安排伤病员治疗。这个联络站接待了第一期培训学员。

第一期培训班于1948年2月开课。

钱瑛、李应吉等组织干部培训，讲课老师多是香港工委的领导，还有懂经济的民主人士，那时香港聚集了很多人才。钱之光到香港后也曾去讲课。

---

① 钱瑛，1927年入党。1929年到苏联学习。1931年回国后被派往洪湖苏区工作，1933年被捕，1937"七七事变"后经周恩来等营救被释放。1940年到南方局工作。1946年7月国共和谈破裂，钱瑛被任命为上海局组织部长。钱瑛不是华润人，但关系密切。

退休后的麦文澜

随着培训规模的扩大，资金来往增多，加上保密工作的需要，万景光与岳父的好朋友合办的公司不够方便，于是，中央委托杨琳、麦文澜等建立国新公司（英文名称：China Enterprising CO.），公司经理是麦文澜。国新公司的任务之一是为新中国培训干部。国新公司属于中央系统，参加过培训的华润员工周德明回忆说："国新公司是中央的，杨琳系统的。"①国新公司成立后，通知分散在全国各地的学员来香港学习，安排课程，以及来香港后的秘密接头方式，都由国新公司负责。

麦文澜少年时代在日本度过，1923年京都大地震后回国。1939年开始在上海从事我党的经济工作，1948年初被捕，不久被我党保释，随后转到香港，任国新公司经理。初期公司不

国新公司员工合影　后排左一麦文澜，左二柳立坚，左四丁培举（余秉熹的妻子），右四李威林

前排：左二李威林、左三陈百廉。后排：左二冯修蕙、左四柳立坚、右二麦文澜、右三余秉熹、右四丁培举

① 采访周德明记录。"港管委"成立的文件证明了这一点。

大，只有三个人：麦文澜（经理），韦向辰（文书），柳立坚（会计），柳立坚是麦文澜的妻子。

到1949年，国新公司经理是麦文澜和余秉熹，员工有柳立坚、万景光、青工李威林，还有一个练习生。公司公开的业务是进口纯碱、化工原料。

万景光挂名国新公司的副经理，以贸易为掩护，配合钱瑛培训干部，培训资金来自华润。麦文澜负责公司的进出口工作。

万景光和妻子冯修蕙并不参与公司业务活动，他们的任务只是配合钱瑛、李应吉搞干部培训。为了便于工作，他把家搬到香港摩利臣山道26号，与麦文澜是邻居。

摩利臣山道26号实际上就是一个交通站，钱瑛到香港后，就住在这里。

培训班办了13期，受训干部主要来自上海、南京、武汉及西南地区。这些地方是蒋管区，还没解放，培训干部的目的就是为解放做准备，他们将参加这些城市的接收和管理工作。

万景光、冯修蕙去香港前于上海

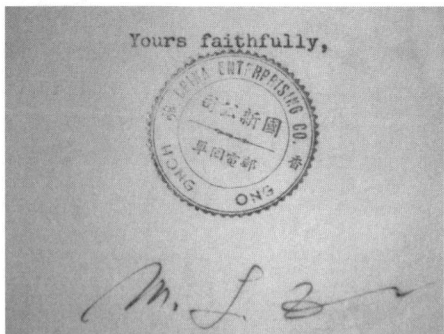

万景光、冯修蕙的工作包括：安排13期人员从白区到香港的水路、陆路行程；安排他们在香港培训期间的吃住行及安全工

作；培训结束后，安排学员们返回蒋管区。

我们在采访中没有了解到这些学员如何来到香港，但是了解到部分学员的返回路线：其中相当一部分学员是乘坐华润公司租的苏联轮船，先到朝鲜，再到东北解放区，然后奔赴工作岗位。

学员的生活很艰苦，香港天气较热，大家没什么被褥，初期，许多学员的枕头就是报纸，经常有人因不适应气候变化而生病。后来条件逐步好转。吴涤苍参加完干部培训后，留了下来，她是医生，成为国新公司的工作人员兼医生。

为了安全，万景光搬过几次家，最后搬到九龙塘罗福道8号，这里就成了一个新的联络站，在这里接待过许多内地干部，后期的培训组织工作也在这里进行。

冯修蕙回忆说："当时我负责记账，我记得，培训的钱都是华润公司给的，有一次给了很多，用旅行袋装的，整整一提包。那次可能是有特别用途，老万不说，我也不问。我跟老万数钱，数了好长时间。"[1]

1948年12月，"香港工委"在香港旺角举办第12期培训班，学员都是为接收上海而专门挑选的。俞敦华、周德明、程文魁、吕虞堂四人也参加了培训。三个月培训结束后，其他人去了上海，他们四人被留在了香港华润公司。那时，进出口工作发展太快，华润也需要大批人才。

俞敦华和程文魁是广大华行的干部，本来准备调回上海，又被

吕虞堂，50年代华润公司出口部经理

---

[1] 采访冯修蕙记录。

退休后的周德明

留下。

吕虞堂1948年入党，在上海以开公司为掩护，从事革命工作，由于公司会计被捕，他转移到香港。

周德明也是上海人，与祖母相依为命。1948年入党，当时他只有21岁。上海白色恐怖很厉害。有一天深夜，他按约定出去接头，"上线"没来。第二天一早他回家时，发现家门口有两个陌生人，他马上意识到可能出叛徒了。后来他打电话给姑父，姑父说："你别回家，出事了。"姑父约他见面，给了他一笔钱，他撤退到香港，改名周自谋。他在香港找到党组织，不久就参加了培训班。

我们记录这些故事并不是为了单独突出华润公司，在那段战争的岁月里，华润公司作为直属中央的企业，更易于得到中央的指示，加上外贸进出口业务量大，资金周转容易。那时我党的事业是不分家的。不论是中央企业还是地方企业，都是为了一个目标，那就是建立新中国。

1948年春至1949年春，在香港培训干部13期，名单大致如下[①]：

第一期：1948年2月8日—4月20日，湾仔渣菲道

江浩然、佟子君、夏明芳、沈默、陈瑛、程振魁、安中坚、戚怀琼、沈涵、柯哲之、吴涤苍、邓裕民、罗炳权等。（江浩然负责）

[①] 由于许多人用的是化名，统计不够准确。冯修蕙：《关于中共中央上海局驻港联络点的若干情况》，《上海党史》资料通讯，1989年。

第二期：1948年3月，湾仔学士台

马纯古、朱俊欣、沈翔声、丁步云、欧阳祖润、韩武成、纪康等。（马纯古负责）

第三期：1948年4月—5月，湾仔渣菲道

梅洛、胡沛然、郑仲芳、曹懋庆、徐尚炯、邵健、刘丰、张汝霖等。（梅洛负责）

第四期：1948年5月—6月，湾仔永丰街，

陈修良领导，南京地下党市委干部：陈慎言、高骏、叶再生、曾群（文委）、王明远、欧阳仪（女）、颜次青、翁礼巽、胡立峰、李照定（学委）、陆少华（商场）、潘家珍（小教）、王嘉谟（公务员）等。

第五期：1948年7月—9月，永丰街

钱瑛领导，武汉地下党市委干部：马识途、曾惇、王锦雯、朱语今、王汉斌、袁永熙、张文澄、林瑜等。

第六期：1948年9月，石塘咀

刘晓领导，台湾干部十余人。（名单略）

第七期：1948年9月，学士台

马小弟、吴良杰、陈春宝、陈洪良、杨秉儒、陆象贤等。（马纯古负责）

第八期：1948年10月—1949年1月，学士台

上海地下党市委、工委、职委、学委干部：张祺、陈公琪、陆志仁、周炳坤、吴康、吴学谦、陈育辛、朱启銮、吴增亮、雷树萱、施惠珍、费瑛、鲍奕珊、方茂金、陆文才、施文、陈光汉、范富芳、张本、梅洛等。

第九期：1948年11月—12月，地点不详

上海东方公司干部：谢寿天、梅达君、杨宛青、方行、王辛南等。

第十期：时间不详，永丰街

钱瑛领导，西南地区干部：孙耀华、杜子才、刘淑文、肖秀楷、朱虎庆、黄森、俞乃森、余秉熹、顾剑平、甘学标等。

第十一期：1948年12月，地点不详

钱瑛领导，机关女同志学习班：王曦（张执一爱人）、邱一涵（袁国平爱人）、郑蕙英（李正文爱人）、陈蕙英（朱志良爱人）、缪希霞（何康爱人）、胡璇（蔡承祖爱人）、冯修蕙（万景光爱人）、吴涤苍、柯哲之等。（王曦负责）

第十二期：1948年12月—1949年3月，九龙上海街

俞敦华、华士德、贝树森、程文魁、周德明、吕虞堂、罗炳权等。（罗炳权、程文魁负责）

第十三期：1949年1月，学士台

沈涵、徐周良、许炳庚、何馥麟、王克顺、杨余根、陆象贤等。（沈涵负责）

第十四章　广大华行并入华润

1948年11月初，随着辽沈战役的结束，我中国人民解放军开进沈阳市，沈阳市是我党接收的第一座大城市。在陈云同志的具体指导下，接收工作比较顺利，仅几天时间，沈阳的银行、商店、交通、电力、供水等就恢复正常了。陈云意识到：要管理这样一个城市，需要大批干部留下来，尤其是懂经济的干部。他向中央提交了《关于接收沈阳经验简报》，文中说："军管会本身接收机构尚缺外交、军事、社会、文化四个处。""依目前形势看，中央和各战略区野战军，均需准备有专门接收大城市的班子。"[①]

组建接收大城市的班子需要懂经济的人才，中央马上想到了我党在香港做地下工作的干部。这些人大多懂得经济工作。

周恩来致电钱之光：速动员一批党内干部及专门人才，于12月来[②]。

前面我们提到，1948年11月，连贯等回到解放区；12月27日在李济深等第三批民主人士北上的轮船上，龚饮冰、卢绪章同行。卢绪章曾是广大华行的负责人，被中央调到西柏坡，参加解放上海的准备工作。那时，虽然天津、北平（北京）还没解放，但是，我党已经在考虑解放上海的事情了，而且，已经开始为上海配备管理者了。接收上海，那不是简单地需要一个市长的问

---

① 《陈云文选》，人民出版社，1984年，第378页。
② 《周恩来年谱》，中央文献出版社，1998年，第818页。

题，而是需要把各行各业、租界洋行、三教九流都管好的一大批人才。

为了抽调更多的干部回内地参加新中国的建设工作，中央决定，广大华行划归华润公司。广大华行英文名称为：The China Mutual Trading CO.。

广大华行并入华润的具体经过是这样的。

1949年春节刚过，有一天，华润公司的支部书记袁超俊找到广大华行的另一位负责人张平，他们二人在重庆八路军办事处就认识。袁超俊对张平说："明天我们去九龙，谈件事。"①

第二天，张平和广大华行的舒自清一起，在渡轮上与钱之光、袁超俊见面，张平与钱之光1944年就认识，是老朋友。

他们四人一起去了九龙塘罗福道8号，这里是一个联络点，也是万景光的家，以前龚饮冰②曾住在那里，张平很熟悉，现在刘晓③住着。麦文澜等在门口，他领着四人上楼，而后，他自己下楼，出去放哨。

他们四人与刘晓都是熟人，寒暄之后，钱之光拿出一封周恩来、任弼时联名从西柏坡发来的电报，电文写着：

> 广大华行保留香港、纽约、东京、汉口四个分支机构，其余的机构一律结束，人员除舒自清、张平留在香港工作外，其余人员回解放区分配任务，广大华行与华润公司合并，由钱之光统一领导。

---

① 采访张平记录。
② 龚饮冰，1923年加入中国共产党。抗日战争时期在武汉、长沙、上海从事国统区的秘密工作。1948年冬到中共中央城市工作部工作。他也曾领导过广大华行。他不是华润成员。
③ 刘晓不是华润人，但关系密切。刘晓参加过长征，1937年后长期在上海领导地下党的秘密工作。

在场的五人都表示服从中央决定，以最快的速度办理好公司合并的手续，比如资产清理、部分股东退股等。

这是华润历史上的第一次合并，是在辽沈战役刚刚结束、各地急需干部的背景下发生的。那时白区的干部都迫切希望回到解放区工作，"解放区的天是晴朗的天"，解放区的人民所焕发出来的建设热情吸引着每一个地下工作者。

在这里有必要介绍一下广大华行的历史。

华润公司的股份全部是"党产"，广大华行则不同，其股权关系极为复杂，不仅下属公司多，而且股东成员大多有一定背景，甚至包括国民党高级官员。

广大华行1933年3月成立于上海，创办人是上海的五个年轻人：田鸣皋、卢绪章、杨延修、张平、郑栋林。第一期注册资金200元大洋，主要从事药品和医疗器械的邮购业务[①]。公司起名叫"华行"，为的是区别于"洋行"。

1935年，五人召开"南湖会议"，选田鸣皋为经理，张平负

广大华行的五位创始人，从左至右，前排：卢绪章、田鸣皋、张平；后排：杨延修、郑栋林

① 李征：《卢绪章传》，中国商务出版社，2004年。

责日常工作。广大华行开始扩展。

1936年，红军长征抵达延安后，党中央决定派刘晓、刘长胜、潘汉年等回上海重建地下党，并批准成立了中共江苏省委，直接领导上海、江苏、浙江的地下工作。刘晓在上海建立起各部门委员会，还成立了两个特别支部，一个是"巡捕房支部"，一个是"海关支部"。

当时在上海洋行工作的华人达十多万人，为了开展抗日工作，刘晓等地下党组织派石志昂到"洋行华员救国会"开展工作。广大华行的卢绪章、杨延修、张平都是"洋行华员联谊会"的骨干。1937年11月，洋行华员联谊会在地下党的领导下，开展了"保卫大上海"的宣传周活动，他们三人都参加了这次活动。这是广大华行第一次参与我党领导的抗日活动。不久，卢绪章加入共产党。1938年后，广大华行的杨延修、张平入党，随后，张先成、舒自清、程恩树等也陆续加入共产党，广大华行党支部扩大到六人。我党派吴雪之到广大华行任职。

抗日战争爆发后，他们在昆明又开了一家分行，注册资金为5000元，职工也很快扩大到20余人。这里的业务主要由杨延修负责。

张平迁到重庆开办广大华行重庆分行。

此时，广大华行的业务由上海向西南大后方转移，其组织关系则转由周恩来亲自领导，单线联系。1941年5月，周恩来安排严朴同志①以张平表兄的身份，任广大华行重庆分行会计。

几乎同时，张平又开办了成都分行。

广大华行另一位成员张先成，与包玉刚等四人合伙，在贵阳开办了"中美商行"。

到1942年，广大华行已经享有很高声誉，其资金已经达到

① 严朴同志是杨琳的入党介绍人。

20万法币。此后，重庆八路军办事处（南方局）也注入了部分资金，其中一次达1.2万美元。1942年起，在周恩来直接领导下，广大华行开始与"魔鬼"打交道，在国民党的军统、中统里结交了一大批"合作伙伴"，其中包括陈果夫[①]。此时广大华行的总经理是卢绪章。

1944年秋，广大华行在美国开办纽约分行，舒自清前往，注册资金20万美元。舒自清从美国施贵宝药厂购买药品，并取得了施贵宝药厂在中国的总代理权。

1947年，上海广大华行总行西药部欢迎美国施贵宝药厂克雷麦先生。中排右三为张平

设在纽约华尔街120号的广大华行纽约分行

---

① 参考影片《与魔鬼打交道的人》。

广大华行与苏联也建立了贸易关系。

1948年6月，广大华行的地下党联络员赵平和妻子沙平被捕，沙平叛变。8月起，广大华行的全体党员陆续撤到香港[1]。

就在他们到达香港后不久，我党做出了抽调干部接收上海并把广大华行并入华润公司的决定。

张平（左）、丁克坚

钱之光、刘晓等五人讨论决定：由张平负责办理各地广大华行分支机构的结束清理和交接工作，剩余资金全部集中到香港。

以1948年底为限进行资产结算，广大华行为小股东办理了退股与分红，对曾经支持过广大华行的朋友都给与了一定回报。我党的投资和此前已经上缴给上级党的经费不计，广大华行最后资产额为100万美元。广大华行的几位发起人把这100万美元全部交给了党组织。

广大华行并入华润后，仍保留了自主经营权。舒自清从美国回到香港后出任广大华行总经理，高平叔任副总经理（协理）。卢绪章总经理以"请假半年"为借口离职，乘坐华润租用的苏联轮船阿尔丹号离开香港，回到西柏坡。1949年2月，他第一次穿上了解放军军装，从大老板变成了解放军军官，参与新中国建设。

1949年4月，完成了华润公司与广大华行的合并后，钱之光接到上级指示，回北京汇报工作。

钱之光与杨琳话别。看到钱之光和干部们一个个相继调回，杨琳的心情很复杂，他也希望回到解放区工作。从1930年初到

---

[1] 前面提到，郭里怡、高士融等也因沙平叛变转到香港。

1949年初，杨琳参加革命20年，除苏联两年、延安半年外，都是在白区从事秘密工作，杨琳渴望上前线，渴望与战友一起高喊"打倒蒋介石，解放全中国"。钱之光完全理解杨琳的心情，二人依依不舍。

4月底，钱之光乘坐华润公司租用的宝通号（Pronto）轮船运货北上，船上的理货员有林忠敬和白平民等，所载货物主要是棉花，直驶天津。

华润副书记林其英和妻子唐淑平同时北上。

1949年5月初，周恩来通知钱之光和夫人刘昂到中南海向毛泽东主席汇报[1]。钱之光向主席简要汇报了华润在香港的贸易工作和统战工作，主席听了很高兴。

从毛主席那里出来，钱之光又详细地向周恩来作了汇报，并研究了华润公司下一步工作计划。

周恩来建议钱之光留下来，与熟悉上海的民主人士一起，制定一个进口计划，以便帮助上海尽快恢复生产。

几天后，上海解放。

7月，钱之光随陈云奔赴上海。

上海解放后，广大华行的卢绪章、杨延修、吴雪之等都参加了接管上海的工作，在财政经济接管委员会贸易处，处长徐雪寒，副处长吴雪之、卢绪章，杨延修为工商处副处长。当时，上海的大米面粉仅够市民吃半个月，煤炭只够烧七天。上海是纺织工业基地，由于没有棉纱，工厂停产。在陈云的带领下，他们开始为解决"两白一黑"而奋斗。

1949年8月，留在华润的张平回到上海，着手把上海广大华行改为华润公司办事处。在上海，他见到了老战友钱之光、卢绪章、吴雪之等。

---

[1] 王烈：《钱之光传》，中国文联出版社，1993年，第248页。

这次会面之后，8月13日，张平给华润业务主管袁超俊和刘恕拍了一份电报。这份看似普通的电报，却真切地记录了华润公司与广大华行合并时的情况：一切听从组织安排，无私心，不计较，大协作，党性高于一切。

电文写道：

港管委转袁超俊、刘恕二同志并舒自清：

已与钱（之光）、卢（绪章）、吴（雪之）等商讨决定：

（一）组织上照旧。

（二）业务上，沪与卢（绪章）等、港与石（志昂）等密切联系合作。

（三）对美、日业务加强，沪、津公司业务结束，改为代办处。民安中心结束或改组。

存货可全部运沪、津。盐尽力售出，港存货全部要。轻柴油亦急要。……请与石兄合作推销报价，张（平）待初步完成沪业务部署后返（北）平转港。

张平

张平知道，华润董事长钱之光在上海与华东财委贸易处处长卢绪章等制定了一个很大的进出口计划，这个计划需要杨琳带领华润员工在香港实施，这是关系到接管上海能否顺利的大事，因此，他嘱咐道：上海的进出口业务要与卢绪章密切合作。

他还提到石志昂，石志昂此时在香港的另一家"党产"公司，隶属于华东局，他主管的合众公司与华润合作很多，后面将提到。

随着张平对国内业务的清理，广大华行基本上完成了历史使命，在美国对新中国实行封锁以后，广大华行的海外业务先后结束，但广大华行的公司名称一直保留到70年代。

第十五章 "东方号"第一次航行

华润在1948年秋组建华夏公司后，购买了自己的第一条轮船，命名为"东方号"（Oriental）。经过修整，这艘载重量为3500吨的二手船已经焕然一新。

1949年2月底，"东方号"首次航行大连，刘双恩任船长，亲自指挥[①]。其他海员还有：白立新、白文爽、陈双土、周清栋、白金泉、黄国昌等，于凡也在船上。

华夏公司"东方轮"号上的第一批船员，1949年初摄于香港 照片提供：刘辛南

3500吨货轮满载，主要物资是：印钞纸、桶装汽油，还有一些杂货。白立新和白文爽共同回忆了这次航行。白立新说："印钞纸超过一半，估计有2000多吨。有1000多吨汽油；另外，40个客位全满，好多是文化名人和归国华侨。开船前，我问刘船长：船开哪里？刘船长说：开日本。"

前面我们提到过，华润买了很多印钞纸，为解放区统一货币

---

① 《风雨鹭江》，中央文献出版社，2000年，第348页。亦说第一次航行是3月。

而印制钞票。

为了保证东方号首次航行成功，他们利用下午时间与港英有关机构办理开航手续，并在傍晚时分离港，航线是通过台湾海峡，沿朝鲜西海岸航行，造成去朝鲜镇南浦的假象，到了镇南浦外海才转向大连。途中，夜间航行尽量灭灯，减少暴露目标的概率。

到大连后，趁卸货的空闲，大连市委领导欧阳钦来看望大家，并安排大家参观大连造船厂。

正巧爱国华侨陈嘉庚先生也在大连，厦门集美高级水产学校是陈嘉庚投资创办的，东方号上的船员多数是集美校友。陈嘉庚知道后请大家一起吃饭，席间合唱《集美校歌》，大家热情高昂，表示愿意为新中国而奋斗。

东方号回程所载物资主要是东北大豆，有3000吨。白立新说："东北有很多大豆，由于战争，卖不出去，老百姓用大豆烧火取暖。我们运大豆，麻袋供不应求，全散装。"

完成卸货和装货后，东方号先由大连开往朝鲜镇南浦，并办理结关手续，以此表示该轮是从镇南浦港开到香港的，而不是从大连启航。返回香港时，刘双恩计算好行程，通过台湾海峡时刚好是夜间。

东方号的第一次航行对于华润公司及其子公司华夏公司来说，都具有划时代的意义，它不仅标志着华润拥有了自己的轮船，而且，它还标志着我党拥有了自己的远航公司。那时，我军还没有海军，这条普通的客货两用船，还部分地兼有运送战略物资的用途。

此后，华润华夏公司的东方号轮船满载着解放区所需货物，不断航行在香港—大连、香港—天津之间，一方面为刚刚解放的城市提供恢复生产所需的原材料，一方面为前线将士提供药品等战略物资，同时，又把国内出口物资运到香港。

1949年，华润公司领导及员工上船参观：前排中戴黑框眼镜者为杨琳，右一为王应祺（华夏公司总经理）　照片提供：巢永森、许莹

东方号上党员较多，杨琳决定，成立华夏党支部，华润系统内，另外还有广大华行支部。华润支部改为"总支"。

华夏第一次支部会遇上了台风。

那是1949年夏季。杨琳、袁超俊、王兆勋乘坐小汽艇上船，召集党员开会。会上，三位领导先后讲话，讲述大家所担负的重要使命，告诉大家：为了尽快恢复生产，我们要运工业设备回去；为了稳定货币，我们要运钞票纸回去；为了繁荣经济，我们要运商品回去；为了扩大宣传，我们要运新闻纸回去，等等。还要护送民主人士，在海上，随时可能遇到国民党军舰的拦截、盘查甚至扣押，遇到这种情况，每个党员要讲党性，讲气节。

随后，每个党员都表示了自己的决心。

开会的过程中，刮起了大风。由于没有台风预告，大家以为是一般的风雨，会议继续进行。

傍晚时分，杨琳等准备下船时才发现，船已经移位，浮筒被拔起。东方号锚链和一艘法国轮船的锚链绞在了一起。

马上用电台通知刘恕设法营救。可是，直到第二天台风停了以后，香港港务局才派救护船赶来，此时东方号已经被台风刮到了昂船洲一带，还好，没有出事①。

经过学习，加上东方号第一次航行在大连的所见所闻，华夏全体员工更加明确了自己的使命，此后，东方号担负了很多重要的运输任务。

东方号第二次航行，运的是石油，去大连，那时我国很缺石油②。

第三次航行去的是天津，除货物外，船上还有很多民主人士和回解放区工作的党员同志。卸船后转到东北的营口装货。那是1949年4月28日，东方号离开香港，开往天津，为刚刚解放的天津运送生活用品和恢复生产所需的生产资料。潘汉年、许涤新、夏衍乘船回北京。许涤新回忆道③：东方号"靠近船头的餐厅设备相当好，站在餐厅里，可以遥望海天一色的天际"。他们三人经常在餐厅里聊天。5月4日，轮船抵达塘沽。

第四次仍跑大连。

解放初期，即1949年10月、11月之间，东方号两次从大连装木材运往青岛。东北木头质地坚硬，用途广，可民用，亦可军用。

在东方号开始航行的同时，华润的另一艘轮船Orbital也开始航行了。张祥霖回忆说："我于1949年6月25日到达华润，也是刘双恩船长从集美学校要来的。到华夏公司后一个星期，我就上了Orbital，Orbital刚从大连回来。7月，Orbital第二次航行，也是去大连，船上主要是客人，货比较少，当时北平正在筹备全国

---

① 袁超俊：《华润——在大决战中创业》，《红岩春秋》1998年第2期。
② 采访陈嘉禧记录。陈嘉禧为华夏船员。
③ 《傲霜集》，中国展望出版社，1989年。

政协会议，我们的客人中，很多都是从海外回来的学者和著名人士。Orbital回程运的是大豆。"①

张祥霖在船上任三副，他说，Orbital第三次航运，船上全部是印钞纸，3000多吨。

张祥霖等海员随Orbital先后驶往大连、青岛、天津。随着解放区的扩大，华夏船只的停靠港口在不断增加。

退休后的张祥霖

---

① 采访张祥霖记录。张祥霖在华夏工作一年后调到华润公司"港管委"书记处任机要秘书。1954年7月由华润保送到北京外贸学院读书，毕业后回华润，1960年初调到我驻港机构新华社工作。从1981年到1997年，参与了香港回归工作，是《中英联合声明》的起草人之一。他还参与了澳门回归工作。

第十六章　贸易支前（之二）

华润公司从联和行时期起，就一直肩负着双重使命，一方面从事海外贸易，一方面坚持统战工作，两者同等重要。

在贸易工作中贯彻统战精神，这是华润的成功经验，比如，通过爱国华侨扩展香港和海外的市场，同时在生意上和债权上给对方一定的好处，让对方做出口物资的经销商等等。

在实践中，华润逐渐形成了这样的出口模式：出口货源在国内，国内有专门的机构如东北贸易总局、中华贸易公司等负责组织货源；华润负责承运、报关、批发、储存等；华润在香港商人中寻找可靠的经销商，不同的货品交给不同的商人经销；总经销商可以再次批发给分销商或者转口到其他国家。在香港，凡是做大陆贸易的商人，都与华润保持着密切关系。

在华润的努力下，在香港市场，一个以商品的类别为主导，以"总经销商"为批发部门（或兼零售），以"中小商铺"为零售终端的经营网络逐渐形成，如中药、猪鬃、豆类、兽皮、煤炭等等，不同商品都有各自的销售网络和销售渠道，相互配合，互不影响。

按市场规律办事，这给华润的出口工作带来了极大的方便，每次轮船到港，不需要现找市场，商人们会主动前来提货。华润在价格上给出参考价，商人一般不会随意加价或减价。

在出口工作的链条上，上半段实行计划经济模式，统购统销，价格指导；下半段实行市场经济模式，香港商人以自愿为原则，自行组织松散的经销协会。

与出口工作不同，进口采购有多种渠道，一是自己寻找货源，自己购买；二是通过中间商或洋行；三是购买期货。

前面我们提到，从1948年9月到1949年建国前，在一年的时间里，华润先后用客货两用轮船护送了20批民主人士、文化名人、爱国华侨回国，也就是说，来回运送了40船物资，所租货船还不在其中。那一年，华润的轮船究竟运了多少船物资，我们无从统计。

解放军打到哪里，华润公司就把物资运送到哪里。他们运回的物资包括战略物资，如前线需要的药品、军鞋、棉花、纱布、无线电器材等等，也包括恢复生产用的原材料、工业设备、零部件、五金矿产等。

东北的出口物资不久就增加了鸡、生猪等畜禽类产品。

华润公司在香港做生意信誉良好，据华润公司会计黄美娴回忆："华润与香港各银行建立了很好的关系，在汇丰银行开信用证可以不付定金，付了定金他们会给华润计利息。另外，华润跟外汇管制署也建立起良好的关系，所需要的外汇许可证都得到批准。"①

1948年11月，东北野战军在辽沈战役胜利后，来不及抖落身上的泥土，就再次开赴前线。22日，周恩来致电华北局和华东局：东北野战军近百万大军即将入关，华北及华东渤海区应准备相当一部分的粮食供应②。

此时，南京、上海还在蒋介石的控制之下，国民党军队在败退时，一路破坏，铁路干线几乎瘫痪，这给粮食调集工作造成极大困难；而且，全国大部分地区还没有解放，各解放区的粮食能保证自给自足都很难，实际上，只有东北解放区还有部分粮食可

---

① 华润集团档案馆（第二馆）。
② 《周恩来年谱》，中央文献出版社，1998年，第819页。

以外运。

华润公司的轮船担负起从东北运粮到关内的任务，他们从大连装船，把支前的粮食分别运到秦皇岛、烟台。东北盛产粮食，大豆、小麦等源源不断地运往关内，配合当地政府的粮食征集工作，一则供解放军使用，一则也缓解了新解放区老百姓的吃粮问题。

1948年11月下旬，中央召开医药工作会议，周恩来在会上讲话，他说：今年9月，辽沈战役之前，我们估计打垮蒋介石需要三至五年时间，现在看，再有一年左右时间从根本上打垮蒋介石是有把握的。战场大，伤员多，现在能做到70%伤员治愈归队，说明医卫工作成绩很大[1]。

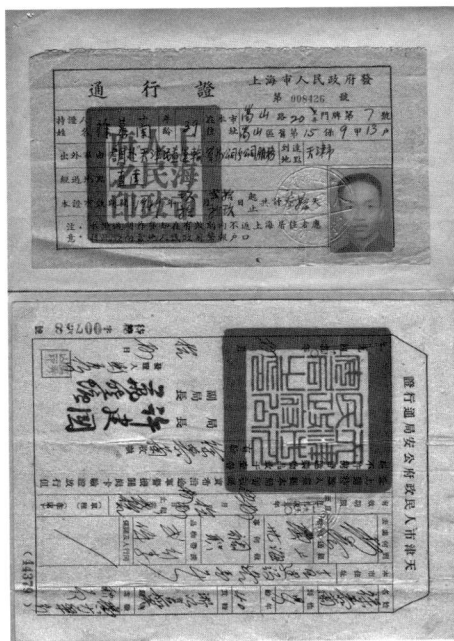

解放初期天津、上海两市之间的通行证。照片为徐慕兰通行证　照片提供：徐造时

70%的伤员治愈归队，这个成就的取得也有华润公司的部分贡献，因为，采购药品一直是华润公司的首要任务之一。

华润的轮船随着解放军前进的步伐而从北向南延伸：1947年11月到1948年9月，主要是停泊朝鲜的罗津港；1948年11月辽沈战役后就增加了大连港；1949年1月15日天津解放，又增加了天津港；几乎同时，淮海战役结束，华润的轮船就开到了

① 《周恩来年谱》，中央文献出版社，1998年，第821页。

青岛港。

前面讲过，1949年春季，华润曾运回天津1800吨电解铜，还有大量钞票纸和道林纸。

1949年初，随着三大战役的先后结束，我党发出"打过长江去，解放全中国"的战斗号令。

人民解放军准备南下。

华润公司为了配合渡江战役，在香港、东南亚地区和美、英等国，采购了大量救生圈、划子、软木、军鞋等，采购量之大，可以说是"不计其数"[1]。同时，华夏公司出面从国外进口了若干油轮、油船以及航运仪器和设备。在百万雄师过大江的战斗中，很多战士的身上都有华润提供的装备。

1949年5月27日，上海解放。华润公司董事长钱之光随陈云奔赴上海，参与接收上海、恢复生产的工作。

1949年7月，陈赓的部队打到广东，广州解放；叶剑英任华南分局第一书记。华润公司总经理杨琳从香港到广州，参加了建立新政权的工作。

接着，陈赓一路南下，解放了海南岛。陈赓任云南政府主席、云南军区司令员。海南岛解放之际，粮食紧缺，为解燃眉之急，华润从泰国进口了5万吨大米，海南市场大米充足，保证了海南岛新政权的平稳过渡。

周秉鈇随华夏的轮船去过大连、青岛、上海。他回忆说："解放军没有飞机，铁路瘫痪，只好用船。那时，华夏运了很多钞票纸、钢丝绳、工业急需产品，包括火车头，运到东北。我们一路一路运，把粮食送到新的解放区。"

同时，华夏又增租了苏联的两艘轮船，名字为"汤姆斯基"和"竹喜玛"。

---

[1] 采访吕虞堂、徐鹏飞、巢永森等记录。

还有一项工作，就是从朝鲜运送物资到我国港口，当时的朝鲜成为我国的后方之一，对中国出口了不少物资，包括战略物资①。

上海、广东先后解放，华润公司派人直接参与了这两个城市的接收城市、建立新政权、恢复生产等工作，对这两个城市，我们分头叙述。

先说上海——帮助上海解决"两白一黑"难题。

1949年4月10日，周恩来致电在沈阳的陈云同志：速来中央工作。5月10日，陈云抵达北平。11日，陈云同朱德、刘少奇等讨论中央财经委员会机构设置等问题，后出任中央财经委员会主任，薄一波为副主任。21日，约曾在香港生活过的人士谈话，接受他们的建议：向香港商人购买棉花，作为恢复上海纺织工业的原料储备。此时上海还没解放。

上海解放后不久，不法商人囤积居奇，抬高粮价。7月16日，陈云致电东北的李富春和叶季壮②：上海煤粮两荒，请研究可否挤出粮食15万至20万斤，支援上海。

东北局接到指示便着手落实，华润公司派轮船负责运输，从大连港运粮食到上海港，东北大米和小麦一船一船运到上海，有效地打击了不法商人。当时上海有400万人口。

上海建立新政权工作受到巨大挑战，反动分子投机活动异常猖獗，货币贬值，物价飞涨。

7月19日，陈云赶赴上海，在他的随行人员中，有华润公司董事长钱之光；工作人员中有华润公司副书记林其英。

22日一行人到达上海。27日，召开上海财经会议，作出系列重大的经济决定，包括成立"上海花纱布公司"，恢复工业

---

① 采访倪振记录，他曾在朝鲜办事处工作过，华东局派他在朝鲜购买过大批物资。
② 《陈云年谱》，中央文献出版社，2000年，第570页。李富春为东北局副书记，叶季壮为东北局财政部和商业部部长。

生产。

1949年8月13日，在钱之光抵达上海后不久，见到张平，张平随拍电报给香港华润的袁超俊和刘恕①：

> 存货可全部运沪、津，港存全部要，轻柴油亦急
> 要，请即发动工商人士经营及自运沪、津、连云港，部
> 分贷款、JJ现款、易贷均可，沪贸局派钱乃正在津办转
> 运等事。
>
> 出口存贷有生丝、纱布、布匹、绢丝绢、纺绸缎、
> 盐、猪鬃、五倍子、黄狼皮、桐油、樟脑粉、棉籽油、
> 萤石、铁砂等。

8月5日，陈云从上海致电周恩来，建议用轮船从香港运至上海10余万吨棉花②。

在钱之光的部署下，香港的杨琳密切配合，很快，华润公司用苏联货轮，把10万吨棉花运到上海。上海是纺织工业的重要基地，有了棉花，就可以恢复生产，市民就能安居乐业。

华润公司的祝华从香港押运棉花回上海后，被钱之光留了下来，出任上海花纱布公司副总经理③。

9月22日，钱之光受中财委委托，召开全国棉花会议，华润公司的张平、林其英、王华生参加了会议，29日会议结束。

钱之光参加了开国大典，会议代表也在御河桥边参加了观礼。

华润为东北和上海进口棉花的工作持续了很久。

1949年冬，东北局派贸易部长黄达等三人来华润坐镇，专门研究扩大大豆出口事宜。华润通过怡和洋行签订了向英国出

---

① 华润集团档案馆（第一馆）。
② 《陈云年谱》，中央文献出版社，2000年，第572页。
③ 王烈：《钱之光传》，中国文联出版社，1993年，第251页。

口100万吨东北黄豆的合同。100万吨，这在当时不能不算作一个大买卖。

1950年2月1日，香港《大公报》报道：（华润）用大豆换取印度棉花，首批棉花15000吨，二批正在谈判中。

1949年8月8日，陈云指出：除粮食、棉花外，需要运到上海的最大宗物资是煤炭。那时，铁路运输有限，内河航运和海上航运成为主要手段。随即，华润派出轮船从秦皇岛运煤到上海，这项工作一直持续到1951年。轮船在上海港口卸煤后，再由卡车分别运到上海的用煤地，当时的上海有"军车让煤车"的佳话①。

开始，华润派出的运煤船是租来的。从1949年底开始，华润公司派出自己的"碧蓝普"轮船，专门负责往上海运煤，持续了一年多。

"碧蓝普"（又名"雪堆山"）是英国造的，13000吨，挂英国国旗。当时国民党军舰在台湾海峡和黄海、东海海面对我军实行封锁，给华夏的航运带来很大威胁。但是，他们不会干扰外国轮船，因此，碧蓝普上的海员主要是英国人，华夏海员刘辛南、许新识、陈源深在船上只能当助手。刘辛南从大副变成了普通海员，但是，他们都不计较个人得失和名利。

1950年冬季，渤海湾近海结冰，结实的冰层把轮船撞出一个小洞，煤卸完后，小洞刚好露在水面上，英国船长和刘辛南等海员想了好多办法，才把小洞堵上②。

粮食、棉花、煤炭，这就是解决上海经济难题的突破口，后人总结为"两白一黑"。直到2005年，在纪念陈云诞辰百年的时候，学者们都提到两白一黑，但谁都说不清这"两白一黑"物资最初是从哪里来的，是怎么运到上海的。究其原因，主要是

---

① 采访杨延修记录，时为上海工商界负责人之一。
② 采访刘辛南记录。

因为，当时华润公司还属于海外的一个半公开的机构，华润的轮船挂的都是外国旗，这些运输工作只有少数人知道，相关的华润档案也没有解密，因而，研究人员和学者无从了解这些史实。

华润还从大连为上海运去了许多原木，用于建设。

碧蓝普还多次去苏联东部的库页岛等港口，运回卷筒新闻纸等紧缺物资[①]。也曾运送出口物资到加拿大，回程运煤到上海。

再说接收广州——帮助广州解决饮水问题。

1949年5月28日，上海解放的第二天，毛泽东批示：9月以后占领粤、桂、川、滇、黔五省，需要干部以3万名计，需马上作出计划[②]。

广东解放前，华润公司就开始参与广东新政权的建设工作，华润派出数名干部参与经济工作。杨琳自己也到了广州，与叶剑英领导的广东省委一道昼夜守在指挥部里，常常是几个星期顾不上回家，忙于接管城市，保证市场供应，粉碎特务的破坏活动等等。

接收广州后，最先要解决的问题之一是供水系统。

广州市很多地区的供水系统和下水道遭到严重破坏，华润公司为广州购买了大量水管、水龙头，运到广州，并派人指挥安装。广州南部属于贫民区，那里根本就没有自来水系统，市民只能喝河水。华润为他们购买了全部设备，贫民窟很快就喝上了干净的自来水，广州报纸报道了这件事[③]。

那个时候，华润人把内地称为"家里人"，华润的老人们回忆说："家"里边什么东西都要，战争刚结束，祖国大地千疮百

---

① 采访白文爽记录。
② 《陈云年谱》，中央文献出版社，2000年，第564页。
③ 采访韦志超记录。

孔，建设需要物资，华润人白天采购，晚上装运，很少有休息时间，一直忙。

在杨琳忙着建立新政权的时候，他的女儿也在忙。

秦文1951年在昆明军区，18岁

他的女儿叫秦文，此时16岁，读高中。在那个激情燃烧的岁月，她瞒着父亲，参加了解放军，跟着陈赓的部队南下了。她的母亲王静雅几天不见女儿，急了，找到杨琳询问，杨琳也不知道，他估计女儿一定是参军了。地方与部队的电报是不通的，杨琳把电报打到中央办公厅杨尚昆那里，通过杨尚昆联系陈赓，才找到了女儿，她正在陈赓的部队里当宣传员[①]。

杨琳与陈赓是老战友，曾共同经历了大革命失败后的艰难历程。1933年，陈赓从南京越狱后就在上海杨琳家养伤，当时杨琳的女儿秦文刚刚出世，陈赓还抱过她。谁会想到，16年后，这个女儿也成了军人，随着陈赓打到海南岛。

海南岛刚解放时缺少粮食，华润及时把进口的5万吨大米运了过去。杨琳和陈赓这对老战友，再一次肝胆相照，无私地谱写着历史新篇章。

广州解放后，华润的轮船就开进了由北到南的各大主要港口，包括：大连、天津、青岛、上海、广州，有人开玩笑称五大港口是"广大上青天"，还有一些小港口，如秦皇岛、烟台等。

解放的喜讯不断传来，香港人民也喜气洋洋。随着华润公司业务的不断扩大，所需人手也日渐增多，华润开始招考香港员工。

---

① 采访张平、秦文记录。

1949年7月1日，巢永森进入华润，巢永森是香港人，毕业于皇仁中学（孙中山也是这所学校的学生）。他1937年入党，抗战时期他的家就成为我党的联络站[①]。他有很高的文化修养，英文极好，从进入华润那天起，就担负起重要使命，成为华润"股东"之一（代持股）。

1949年，巢永森于香港华夏公司

1949年7月11日，许莹进入华润，高士融是主考官，杨琳拿出一份英文报纸让许莹和考生们翻译，再考英文打字。

左起：邱文敏、巢永森、郭里怡、徐景秋。两个孩子是张文、张静

此时华润公司已经在毕打行办公了，已经叫"华润"了，但是，巢永森和许莹都记得，公司使用的信纸上面印的字还是联和进出口公司，杨琳签字还写Liow。

还有一个很特殊的人进入华润，他叫邱文敏。

邱文敏1922年出生在厦门，1935年随家人移居菲律宾。1943

---

① 巢永森1949年进入华润公司，直到1994年78岁时才退休，为华润发展做出很大贡献。

年5月1日在菲律宾加入共产党，在华侨党委工作。1949年夏季，菲共组织遭到破坏，党组织决定调他到香港工作，9月进入华润。他懂得机电，负责五金贸易。

　　1949年春季，华润公司的员工迅速增加，业务量也迅速扩大，伴随着解放战争的脚步，华润的贸易支前工作和统战工作都进行得有声有色。

第十七章　钱币上的"海辽轮"

在中共中央的直接指挥下，华润公司一边进行贸易支前，一边扩大统战工作，成功地组织了招商局"海辽号"轮船（原名海闽号）的起义。

1948至1949年，华夏公司船长刘双恩利用船长身份与国民党招商局海辽号轮船的船长方枕流频繁接触。刘双恩1945年在重庆海关测量船上结识方枕流，谈话中发现他对国民党有不满情绪，而且很重

左一刘双恩、左三刘辛南

情感，对目不识丁的原配夫人不离不弃。之后刘双恩经常送他一些进步书籍，交谈对时局的看法。1948年刘双恩曾试探方枕流是否愿意到解放区工作，方枕流表示愿意。1948年冬季，方枕流得知刘双恩在香港华夏公司当船长，就开始打点行李，做好了搬家的准备。

1949年5月初，海辽轮去上海，国民党招商局通知全体船员做好去台湾的准备。6月，海辽轮到香港，方枕流对刘双恩说：我不打算去台湾。

刘双恩建议他举行起义。

这时上海已经解放，中国人民解放军派代表进驻上海招商局总部，建立于1873年的招商局已经回到人民的怀抱。但是，台湾和香港的招商局还在蒋介石的控制之下。

方枕流经过认真思考，同意起义。

刘双恩与方枕流开始商谈起义细节。他们设计了几条海上线路，比如把船开到青岛或大连，那里是解放区。

起义的关键难题是：1、其他船员的工作怎么做？2、如何获得足够的轮船用油？3、如何减少或防止牺牲？

招商局对轮船使用的燃料油控制很严，因此，起义前要设法储备一些燃料，准备在海上打游击；与此相关联，还要储存一些罐头食品；船上没有装备武器，要准备一些菜刀、斧头。

1948年9月上旬，方枕流突然乘飞机到香港，告诉刘双恩：台北招商局命令海辽轮从广州驶往香港，添足燃料油后，去汕头运送国民党军队增援舟山。这次可以得到足够的油料，这是一次难得的起义机会，他们计划在香港装油后就开往大连，不去汕头。

海辽轮报务主任马骏（左）、船长方枕流（中）、大副席凤仪（右）

刘双恩将此事报告给华夏经理王兆勋，王兆勋又向杨琳作了汇报。杨琳亲自宴请方枕流，商谈细节。

方枕流回到广州后，召集海辽轮上的积极分子开会，成立了由方枕流、马骏、席凤仪、鱼瑞麟组成的领导小组，做好了起义的组织准备。

刘双恩具体指导了海辽号货轮在海上起义的全过程，包括通知他们电报密码、大连港口的呼号波长。他们还仔细研究了航海线路，决定从香港绕台湾东部北上到朝鲜附近，再转向大连。到大连后与欧阳钦取得联系，欧阳钦当时是东北局旅大区委书记。

他们还做好了牺牲的准备，万一被国民党海军发现，就与敌舰同归于尽。万一船上其他船员反悔，他们将依靠骨干，把守驾驶台、机舱、电报房等要害部门，进行强制起义。

海辽轮从广州到香港加油，经杨琳、袁超俊同意，刘双恩和王兆勋出面在香港九龙南国酒家为方枕流饯行。饭后，刘双恩、王兆勋在尖沙嘴码头附近看着海辽号驶出码头。刘双恩用手电筒打灯语，祝他航途平安。

刘双恩向华润领导汇报了起义的准备情况。华润致电大连：做好迎接工作。

海辽轮出海后，先向南行驶，在公海上，方枕流指挥船员把轮船上的"海辽"字样涂掉，写上"MARY MOLLER"，这也

船员们连夜突击船体的油漆伪装，将海辽轮漆成"玛丽莫拉号（MARY MOLLER）"，并涂去船舷上的黄色带子。施工时不能拉灯，以防暴露目标

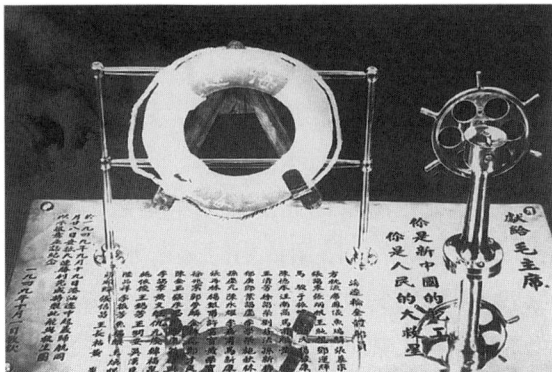

1949年9月19日晚9点整，海辽轮宣布起义。起义时间含四个"九"，船员们幽默地说："四九三十六，三十六计走为上计！"照片中的实物是海辽轮船员献给毛主席的礼物

1949年10月1日下午2时半，方船长命令全体船员在后甲板上集合列队。3时整，伴随着收音机里传来的《义勇军进行曲》，海辽轮上与天安门同步升起了新中国第一面五星红旗

是刘双恩与方枕流事先设计好的。

　　1949年9月28日，就在中华人民共和国成立前三天，海辽号驶进大连港，起义成功。

　　起义成功后，旅大市领导将海辽轮全体船员接到大连，召开了盛大的欢迎会，并设宴招待全体海员，祝贺海辽轮起义成功。

方枕流代表海辽轮全体船员，请旅大区党委转交给毛主席一件纪念品，这是全体起义船员在航行途中精心设计、精心制作的，图案由舵盘与救生圈模型组成，铜板上刻着"敬献毛主席：你是新中国的舵工，你是人民的大救星。"中间刻有全体船员名字。

10月24日，毛泽东主席发来贺电，向方枕流船长和全体船员表示庆贺。1949年10月25日，《人民日报》刊登了这份电文：

毛主席复电嘉勉

> 海辽轮方枕流船长和全体船员同志们：
>
> 庆贺你们在海上起义，并将海辽轮驶达东北港口的成功。你们为着人民国家的利益，团结一致，战胜困难，脱离反动派而站在人民方面，这种举动，是全国人民所欢迎的，是还在国民党反动派和官僚资本控制下的一切船长船员们所应当效法的。
>
> 毛泽东

1949年10月初，刘双恩乘华润的"东方号"轮船赶到大连，与方船长长谈，在刘双恩准备离开大连回香港时，方船长写了几封信，其中包括给香港招商局拖轮船船长张士贵的信，鼓励他们起义，尽快回到解放区。

不久，海辽轮全体起义船员发表了告国民党招商局、台湾航业公司及各官僚资本轮船公司海员的公开信。信中写道："诸位，快些觉悟，把船开回来吧！不要迟疑了。"公开信在全中国的海员中引起了巨大震动。

海辽号是第一条在香港起义的轮船，产生了巨大的政治影响，对香港招商局、国民党"中央航空公司"和"中国航空公司"产生了巨大的正面影响。毛泽东的电文发表后，更增加了大家起义的信心。

此后，华润公司部分党员参与了香港招商局和"两航起义"的准备工作。

1949年10月14日，华润公司董事长杨琳去广州向华南局第一书记叶剑英汇报香港招商局和国民党两大航空公司起义工作的准备情况①。那时，香港工委许多干部已先后调回解放区，华润所担负的任务更加艰巨，统战工作的范围已经超越了民主党派、爱国华侨和港澳同胞这个范围，开始深入到国民党领导的经济机构中。

华润机要员徐立人回忆说："那段时间里很多电报是关于两航起义和招商局起义的，我在杨琳和李应吉身边，几乎每天都有电报，华润的电报分别发给中央机要局和叶剑英华南局。然后，再接受他们的具体指示。"

华润报务员李文山也回忆了这段历史，他还讲述了一些细节，包括华润用多少钱安排香港机场等等。

策反工作是一个系统工程，华润公司、华夏公司的党员很多人参与了这项工作，他们采取认老乡、交朋友的办法，与招商局的海员、与两航公司的飞行员密切接触，通过日常交往宣传我党的政策，那些海员和飞行员对蒋介石和国民党的腐败行为很了解，他们大多不愿意跟蒋介石去台湾。

1949年11月9日，国民党"中国航空公司"和"中央航空公司"在香港宣布起义。两大公司及其所属的数十架飞机回到人民的怀抱。

① 袁超俊：《华润——在大决战中创业》，《红岩春秋》1998年第2期。

海辽轮被印在钱币上

1950年1月10日，华润派刘若明去招商局，与招商局经理汤传箎等商定起义计划。14日晚，将准备好的五星红旗送到轮船上[①]。

1950年1月15日清晨8时，香港招商局全体员工及13艘轮船宣布起义，13艘轮船拉响汽笛，在13艘轮船和招商局写字楼上，14面五星红旗同时升起。

这13艘轮船的名字是：

海厦轮、蔡锷轮、邓铿轮、鸿章轮、教仁轮、成功轮、林森轮、登禹轮、海康轮、海汉轮、中106LST登陆艇、民302拖轮、民312拖轮。

为纪念海辽轮所做出的巨大贡献，1952年新中国在发行新版人民币的时候，将海辽轮船身的图案印在了五分钱的纸币上。

刘双恩也受到党和国家领导人的表彰。

13艘轮船起义后，回国的征途仍然充满危险。1950年10月9日，海厦号归航时，国民党特务把一枚定时炸弹安在船上，造成两名船员死亡。

---

① 胡政：《招商局画史》，上海社会科学院出版社，2007年。

另一艘稍后起义的"永灏轮"，港英政府以"征用"的名义，将船扣住。

为了确保起义人员的安全，华润公司配合"港工委"对起义的人员和机构进行了接收和安置，能回大陆的人员安排回大陆，对需要留下来的人就安排在华润就业。需要保留的企业，清理资产，安排营业。

有趣的是，国民党资源委员会(英文译名China Resources，与华润英文名相同)，其部分资产被华润接收。

第十八章　筹建南洋商业银行

我党对开办银行一直十分重视，抗日战争时期就在延安开办银行，发行"边币"。解放战争时期，各主要解放区都有自己的银行，并发行钞票，如东北局发行的"东北币"等。

但是，到1949年，我党还没有一家外币银行。华润在香港的贸易活动主要依赖于汇丰、渣打等海外银行；海外华侨寄回香港、寄回国内的外汇也主要是在外国银行或国民党的银行兑换。在抗日战争以前，海外华侨每年汇回国内的外汇约2亿美元。

大规模的海外贸易很需要金融界的支持和配合，我党领导的机构中，已经有了民安保险、宝生银号，目前，急需一家银行。

杨琳此时已经是华润董事长，他与华润经理李应吉、副经理张平商量：华润可否开办一家银行，一方面吸引香港同胞和香港企业的外汇储蓄；一方面吸引海外华侨的侨汇，并方便兑换；更重要的是，随着大陆与香港、与外国进出口贸易的增加，外汇需要量也越来越大，如果有一家自己的银行，便于我党企业的资金流通。

杨琳请示中央，得到批准。

华润公司的领导们开始策划这项工作，首先要给银行起一个名字，一个响亮的名字，还得是一个对生意有利的名字。华润公司、华夏公司都有一个"华"字，代表的是祖国，这是从公司的所属性考虑的。但是，银行有特殊性，起名字要从公司的业务需要和业务性质出发，要有更大的地域范围。考虑到海外华侨主要集中在南洋一带，杨琳他们首先选定了"南洋"二字；地域范围选定后，他们又考虑业务范围，"商业"二字相对来说比较宽泛，业务涉及面较广，这样，华润领导们为银行定下了名字：南洋商业银行。

再次报告中央，得到批准。

策划好之后，华润公司向港英政府正式提交了开办银行的申请。

早在1948年1月，港英政府就颁布了《香港银行条例》，《条例》规定：任何公司必须取得银行牌照才能经营银行业务，所经营的业务须经审定才能展开。银行牌照须经香港总督、行政局合签才能发出。

1949年的华润已经是一家名震海内外的大公司了，每年的进出口营业额达数亿港元，港英政府知道，这样的大公司对稳定香港市场是有利的。

很快，港英政府把南洋商业银行的牌照发给了华润（在业务范围中规定，没有发钞权）。

华润立即拿出一万美元资金，作为开办银行的筹备费用。

此时国内的解放战争如火如荼，三大战役以后，国民党兵败如山倒，我解放军乘胜追击，1949年4月我军打到了长江边。

为了协助我军打过长江去，华润开始采购船只和救生设备，一批人员被派往海外各国；上海解放后，华润又忙于帮助上海解决"两白一黑"，没昼没夜；而且，随着国内一个个大城市的解放，急需懂经济的干部，华润的大批干部被抽调回国。

开办银行的事情，就这样被搁置。

到处都缺少人才。

直到1949年秋季，在一次会议上，许子奇和庄世平出现了。彼此都很熟，杨琳问他们："最近在忙什么？"庄世平回答说："在忙着申请银行牌照。"庄世平随口又说："港英政府很麻烦，一直不肯批。"①

杨琳马上告诉他：华润有现成的银行牌照，正苦于找不到人来办。

杨琳十分高兴，他知道，庄世平是最合适的人选。

庄世平是一位久经考验的爱国华侨，在经济活动中不仅有胆略和热情，而且有奇才。对这一点，杨琳是很了解的。

庄世平1911年出生在广东普宁，青少年时期就参加了抗日救亡活动。1930年在北平考入中国大学经济系。

庄世平与林影平结婚合影

大学毕业后，1934年冬季远走泰国，在曼谷的华侨学校崇实中学当老师，度过了一段美好时光。由于学校提倡新思想，不久被泰国当局查封。庄世平转到曼谷的新民学校任教，几年后成为副校长。抗日战争爆发后，庄世平率领学生积极投身于抗日活动，得到泰国中华总商会的认可，成为泰国华侨抗日联合会常委。泰国华侨捐助的抗日资金通过他的手源源不断地送回国内。

1937年，庄世平担任了曼谷《中原日报》的记者，他曾以记者的身份沿着滇缅公路采访，报道国内八路军和新四军的抗日情况。庄世平亲眼看到，滇缅公路陡峭如壁，蜿蜒曲折，崎岖不平，这条路是他一辈子见过的最难走的路，路边常能看到跌进山谷的破废汽车和司机的骨骸。但是，让他感到无比振奋的是，在

---

① 采访庄世平记录。另见廖琪：《庄世平传》，中华工商联合出版社，2004年。

这条路上奔跑的卡车司机，几乎清一色是东南亚各地的华侨，许多人很年轻，可能中学还没有毕业。

庄世平接连写出系列报道，在曼谷的《中原日报》上发表，《滇缅公路考察报告》发表后，《中原日报》加印数倍，仍供不应求。《中国得道多助，抗战必胜》一文详细介绍了世界人民对中国抗日战争的支援，并宣告：日寇封锁中国的美梦已经破产了。

泰国华侨的抗日热情引起日本特务的警觉，他们杀害了中华总商会的会长。在我地下党的帮助下，庄世平和《中原日报》的工作人员转移到了缅甸。

庄世平等人复办他曲中学，并开办合盛公司，不久，合盛的分支机构就开遍了曼谷、马来西亚、新加坡、河内、海防、东兴、柳州、贵阳、重庆。

随着公司发展的脚步，庄世平来到重庆，见到了在八路军办事处工作的老朋友许涤新。

1945年夏季，许涤新和杨少任来到庄世平的房间。许涤新

2005年笔者采访庄世平

对庄世平说：苏联朋友希望通过港澳和东南亚发行苏联影片和商品，组织上决定，把这个任务交给你和杨少任。

很快，庄世平和其他10人在越南的河内开办了安达公司。8月，日军投降，庄世平带着一批人奔赴曼谷，在那里又开办了安达分公司。安达代理的苏联影片在泰国掀起了俄罗斯文化热潮。《斯大林格勒保卫战》《乡村女教师》《列宁在1918》《攻克柏林》《夏伯阳》《天鹅湖》等征服了泰国观众，报纸报道：《"安达"打开了一扇幽秘的文化窗口》。

1946年，安达公司把《一江春水向东流》《八千里路云和月》等中国影片带到海外。1947年元旦，安达把我党领导的"中国歌舞剧艺社"带到曼谷，演出《英雄儿女》《生产三部曲》等节目，受到欢迎，两个月里演出84场，观众达6.3万余人次。在新加坡，演出139场，观众超过11万人次。

安达公司红遍南洋。

1947年3月，中国内战全面爆发后，国民党特务对安达实行了清剿。到1947年底，安达公司除泰国和香港的机构外，分公司全部撤销。1948年，泰国黑势力逮捕了安达公司留在泰国的所有成员，此时，香港安达公司的资金只有3000港元。庄世平东借西凑，开始营救被捕员工，经过两年的努力，数十名员工先后被保释。

有庄世平在，事业不死。

许涤新此时也到了香港，他向港工委的方方汇报了庄世平的情况。方方拿出南方局的50万港币，交给庄世平。庄世平用这笔钱采购棉纱，仅十几天的时间，第一批棉纱就运到了泰国。1949年初，南方局又把一批汕尾产的生猪交给安达出口香港。

在这些活动中，庄世平与华润公司有所接触，他参与了护送民主人士回国、组织中国银行起义等工作。

在开办南洋商业银行之前，庄世平有过短暂的办银行的经历。那是1949年夏季，一天夜晚，方方请庄世平到家里聊天，方方对庄世平说：想不想开办一家银行？庄世平一听，无比兴奋。那时，国民党造成的通货膨胀和货币贬值日盛一日。

他们在一起谈了很久，把开办银行的许多细节都说到了。之后，方方又介绍庄世平跟马寅初交谈，继续交流开办银行应该注意的事项。

随后，庄世平回到广东，在粤东地区开办了一家小型银行，叫"裕民银行"。广州解放后，该行并入南下大军带来的中国人民银行，成为中国人民银行的华南分行。

创办南洋商业银行的使命就交给了庄世平、许子奇等人。杨琳无比信任地把"南洋商业银行"的执照和准备好的一万美金，全部交给了庄世平。

办银行执照时所写的股东，有几人已经调回国内了，庄世平到港英政府的登记处，更换了几个股东的名字。华润公司的张平等仍是股东。

庄世平开始招兵买马，租下了香港德辅道中167号作为银行的写字楼。经过几个月的筹备和宣传，一切就绪。

1949年12月14日，在香港最繁华的中环区，南洋商业银行正式开张，前来贺喜和存钱的朋友络绎不绝。银行外悬挂的五星红旗更增添了银行的喜庆气氛。这是我党领导的第一家海外商业银行，具有划时代的意义。

从1949年12月14日这天起，五星红旗就一直飘扬在南洋商业银行的上空，她的脚步走到哪里，五星红旗就飘扬到哪里。

庄世平回忆说："当时，香港的银行是分等级的，华润的黄美娴跟汇丰银行关系很好，南洋商业银行有事时，会请黄美娴出面讲一讲。"

1950年2月，广州军管会颁布第二号布告，宣布收兑外币，在广东只准流通人民币。到1951年底，广东兑换的港币达到5亿元，还有大批美元、越币。叶剑英决定，将这笔外汇收入全部存入南洋商业银行。这是南洋商业银行开办初期得到的最大一笔存款，为银行的巩固和壮大起到很大作用。

这笔财富在"冲封锁、反禁运"中发挥了巨大作用。

当美国操纵联合国对新中国展开封锁的时候，南洋商业银行发挥了独一无二的作用，为团结海外华侨和港澳同胞做出了巨大贡献，也为保证新中国进出口贸易的顺利进行做出了巨大贡献。

华润公司主张开办银行的决定是无比英明的，而银行的成功与庄世平的个人魅力和聪明才智也分不开。①

---

① 庄世平是我国第二至第六届全国人大代表，是第七至第九届全国政协常委。他的名字与"南洋商业银行"一样，成为爱国精神的象征。随着机构改革的演变和人事变动，南洋商业银行的股东也在变化，在20世纪五六十年代，华润公司总经理张平等代表华润公司一直作为银行的股东，参与管理，直到"文革"时期。

第十九章 "港管委"成立

1949年10月1日，中华人民共和国诞生。

当毛主席在天安门城楼上宣布"中华人民共和国成立了"的时候①，华润人在香港守在收音机前，热血沸腾，随着国歌响起，华润人忍不住流下了热泪，他们热烈地握手拥抱，喊着"胜利了"、"胜利了"，用自己的方式秘密庆祝这个喜庆的日子。虽

1949年10月1日，黄长水在香港上环永乐街150号的泉昌公司二楼和楼顶天台挂起五星红旗。图为华侨中学校长陈曲水的女儿在楼顶与国旗合影

然还不能公开挂国旗，但是，在宿舍里，在轮船上，在仓库里，在华润人出现的地方，大家都明显地表露出开心的喜悦，走路的脚步都显得格外轻盈。香港有些进步团体挂出了五星红旗，麦文澜拉着小青年李威林跑到大街上数国旗，他们跑了几条街。

华润公司所在地升起了五星红旗。

这一天，第一个以私人名义挂起五星红旗的人，是黄长水。

黄长水（1904—1980）出生在福建。1913年随父亲前往菲

---

① 开国大典时毛主席的惟一一张彩色照片由周总理的秘书童小鹏摄，所用的120彩色反转片是通过华润公司购买的。

律宾，1922年回国，就读于南京国立暨南学校，后考入上海暨南大学。毕业后，1927年返回菲律宾。

1941年日军侵占菲律宾，他成为菲律宾西黑人省的华侨领袖，带领华侨支持菲律宾抗日游击队。抗战胜利后，他回到香港，1946年在香港主持父亲的泉昌公司。很快，他成为香港福建同乡会主席。1947年加入中国民主同盟，在港九开展统战工作。

1947年初，他与庄希泉、陈君冷、黄雨田一起，作为发起人，组建"香港华侨工商俱乐部"。他们经常邀请香港的共产党员（如许涤新等）为俱乐部会员演讲。在辽沈、平津、淮海三大战役期间，他们活动频繁。受华润委托，1949年3月他们组织了大批物资，船运到天津，支援解放区的新政权建设。

1949年春，黄长水接到中共中央邀请，请他出席第一届全国人民政治协商会议。

1949年春，毛泽东、刘少奇、朱德与第一届政协会议代表合影。前排右二黄长水

1949年10月1日，黄长水在天安门城楼上，与党和国家领导人一起参加开国大典

1949年10月1日，黄长水在北京参加了开国大典。就在同一天，他的公司在香港上环永乐街的公司所在地挂起了两面五星红旗，红旗是家人自己做的。在香港，五星红旗与北京同时升起。

黄长水的公司与华润公司关系密切。1949年华润下属的南洋商业银行成立后，他的公司是南商银行的第七个开户顾客①。1951年黄长水带领福建商会创办香港福建中学②。

从杨琳1938年到香港，华润人在香港已经奋斗了11年，他们盼的就是这一天。

解放初期的1949年，在11月和12月，华润不断有人被调回内地，祖国需要他们参与财经工作。袁超俊、钟可玉、舒自清于11月回到北京。

1949年12月2日，朱德总司令在中南海接见华润公司袁超俊和舒自清，赞扬华润公司在"对外贸易"和"筹备政协会议"方面功不可没，告别时还给每人发了一枚"中国人民政治协商会议第一次全体会议证章"和"政协会议纪念册"③。

1949年12月中旬，杨琳、李应吉、张平等回北京开会，党和国家领导人朱德、周恩来、杨尚昆等出席了会议。

---

① 采访黄长水之子黄光明。1950年底，黄长水回到内地，先后在福建、广东和北京工作。曾任福建政府副主席、广州市副市长，1956年当选为中华全国归国华侨联合会副主席。
② 从1997年香港回归后，每逢周一，福建中学都有升国旗仪式。
③ 采访袁超俊之子袁明记录。

会议纪要如下：

组织机构：新组建的华润公司，组织系统属于中共中央办公厅。

1、在北京设立委员会

主任委员：杨尚昆

委员：钱之光、叶季壮、赖祖烈、邓洁、邓典桃、袁超俊、刘昂、刘恕

2、委员会下设立北京办事处（同时又是香港管委驻京办事处），刘恕为办事处主任。

3、香港设立管理委员会（简称"港管委"）

委员：杨琳（主任）、舒自清（业务）、张平（财物）、李应吉（审核）、徐德明（业务副）

4、港管委管辖机构：华润公司，华润驻京办事处，华夏航运公司，天隆行，穗励兴公司，广大华行，纽约分公司，东京分公司，天津广大华行，国新公司。

5、大连站^①撤销，不设立机构（采取船运交货办

左钱之光，右杨琳，中钱之光的夫人刘昂（时任周总理办公室秘书），前杨琳的儿子杨伟，1950年于颐和园

---

① 指钱之光建立的"大连站"（中华贸易公司）。

左起：李应吉、杨琳、徐德明、张平，摄于1950年

法），香港华润公司、广大华行等，组织形式不变，实际统一，由香港管委统一领导。

6、大连电台及机要报务人员，借给东北输出公司使用，保留调动权。

这次会议还对华润今后的工作做出了明确规定。

一、任务

1、帮助国家发展对资本主义国家的贸易，完成政府委托的经济任务，在此任务下同时完成一定的财政任务。

2、搜集国家贸易所需之资料，提供对国家贸易的意见与情报（香港原有之研究室应保留并加以充实）。

3、精通国际贸易业务，培养干部。

（一）业务方针

1、代办

2、自营

（二）业务范围

1、进出口

2、航运

3、其他

（三）制度

1、香港管委或北京办事处与各方来往贸易均按正常商业方式签订合同。

2、各方如须委托香港管委拨款或代办事项或代购货物等，均须先经杨琳主任批准执行，否则港管委或来电请示，或拒绝。

3、凡有关政策性、政治性、原则性及某些大的事项，港管委均须事前请示及事后报告，至于业务计划、布置、进行及港管委资金调动、人事配备，港管委全权处理。

4、港管委财务账目及资产、负债、损益，每年度总结一次，每半年度小结一次，并须列表造册，向委员会报告，必要时委员会指定人员审核之。

二、关于人事变动

大连徐德明、徐静调香港。

徐景秋（李应吉妻）原则同意调回学习或工作。

郭里怡调回，回童小鹏处。

黄惠（于凡妻）如身体许可，送学校学习，将来送回香港。

吴震调香港。

鲁映到学校学习。

高士融调海关总署（已调）。

袁超俊、李丹、王华生、李泽纯等调纺织部，天津代办处王应麒暂不调动。

中共中央办公厅

1949年12月21日

这是我们找到的第一份完整的会议纪要，从这个纪要中可以看出：

其一，当时的华润还是"党产"，隶属于中央办公厅。华润公司既是一个公司，又是一个管理机构，华润代表"港管委"，"港管委"设在华润，这种性质在1952年华润变成国营公司以后，依然存在。

其二，华润的任务包括三项：贸易、经济资料搜集、培养干部。

其三，华润的业务性质包括代理和自营。此后在相当长一段时间里，华润的代理业务超过自营业务。

其四，贸易活动开始正规化，要签订合同。

其五，华润驻京办事处正式建立，"港管委"委员刘恕兼任办事处主任。

1949年12月的"北京联席会议"决定："中央办公厅香港委

1949年8月华润部分干部调回国内，途经大连。照片中的人员有：高士融、黄惠、李文山、吴震、徐静、李泽纯（李克农弟弟）、徐德明、唐淑平和儿子"大头"、许新识

员会"在香港的管理机构，对内称"港管委"，对外是"华润公司董事会"。

随即召开了"港管委"第一次工作会议，又称华润公司第一届董事会。与会者欢欣鼓舞，杨琳、舒自清、张平、李应吉、徐德明等与党和国家领导人亲切交谈，倾听他们关于建设新中国的宏伟设想，接受他们对华润公司提出的要求。

朱德、周恩来、陈云、杨尚昆等中央领导出席会议，杨琳无限感慨，从1931年至1950年，在20年的时间里，这四位领导人都曾直接或间接地领导过杨琳及华润公司：

1931年至1938年，陈云同志是杨琳的直接上级；

1938年至1946年抗日战争时期，周恩来和重庆八路军办事处的南方局直接领导杨琳及其联和行；

1947年至1949年解放战争时期，朱德同志分管华润，在朱德、周恩来、任弼时等中央领导的统一指挥下，华润公司与陈云等领导的东北局谱写了我党对外贸易史上的崭新篇章；

今后杨尚昆同志将分管华润。

周恩来、朱德、陈云、杨尚昆四位领导人认真听取了杨琳的汇报，而后周恩来、朱德、陈云分别做出了具体指示。

周恩来总理提出：对香港，要长期打算，充分利用。

朱德同志提出：在香港，你们要远攻近交①。在美国和台湾封锁的情况下，在香港多交朋友。

陈云同志提出：对香港，要出出进进，来来往往②。就是说：商品有进有出，人员有来有往，不能关起门来。

三位领导人的讲话成为华润公司此后的行动方针，他们各具特色的语言风格深深地刻在了华润人的心里。我们在采访的过程

----

① 采访吕虞堂同志记录。
② 采访张平同志记录。

中，80岁以上的老人们常常会讲到这些指示，他们说：在相当长一段时间里，华润公司很好地贯彻了这些具体方针，也取得了很好的效果。

这是华润公司第一次在北京举行的正规的"董事会"，大会明确了公司的组织机构和干部分工，确定了公司的任务和业务范围，制定了新形势下的公司制度。这次机构调整，从制度上对华润公司的发展提出了明确要求，也提供了组织保障。

钱之光在办公厅新组建的"香港委员会"里继续分管华润工作，直到1952年10月。但是，就在1949年10月，他已经出任纺织工业部副部长，袁超俊出任纺织部办公厅主任，王华生任纺织部财务司负责人。这些当初连"针布"都不认识的人，开始筹建新中国的第一工业大部，承担起全国6亿人口的穿衣问题。此后，进口纺织设备，引进先进的纺织技术，普及质检标准等，纺织部与华润之间的联系一直不断。

会后，与会者参观了北京的几家工厂和故宫等旅游景点。他们亲眼看到了新中国朝气蓬勃的建设热情，看到了刚刚翻身的人民如何建设新家园。

回到香港，杨琳等"港管委"成员向华润所辖机构的经理们传达了会议精神，并着手贯彻落实中央精神。

公司改组后，毕打行办公室坐不开，1950年初华润又租了渣甸行的一层楼，华润公司、广大华行、国新公司等部门合并办公。毕打行也依旧续租。

这个时期华润的主要工作包括：

1、出口贸易：保证香港市场的副食品供应，并努力开拓海外市场。

2、进口贸易：为国家购买工业化建设所需物资。

3、协助中共中央清理并接收国民党机构留在香港的产业，如国民党资源委员会、国民党海关等等。

4、开辟新的贸易口岸，为西藏和平解放做准备。

5、团结港澳同胞和爱国华侨，扩大经销商队伍。

1950年上半年，华润在香港和东南亚地区的进出口贸易额迅速提高。

1950年"五一"国际劳动节，华润公司组织香港同胞回国观光。中央对这次活动极为重视，安排大家登上了临时搭建的观礼台，华润公司的代表和港澳同胞代表第一次在北京分享全国人民的幸福和喜悦。

在1950年的天安门维修和改建工程中，华润公司为天安门进口了一部小型电梯。

此后每逢国庆，毛主席和中央首长以及苏联等国家的海外来宾都能乘坐电梯登上天安门城楼，检阅游行方队[①]。每次，华润公司的代表和香港经销商代表都在观礼台上分享节日的喜悦。

另一个喜讯传到华润：中国人民大学成立，华润的五位女士成为大学生，她们是：

郭里怡，计划经济系。

徐景秋，贸易系，她文化水平实际较高，入学一年后转为助教，开始给新生上课。

黄慧，统计系，她原本就是上海交大数学系学生，一年后也开始授课。

唐淑平，早年毕业于上海护士学校，两年后开始授课。

鲁映，先上速成中学，后进入人大外语系，该系分拆为外交学院。

说到这些大学生，不能不提到秦文（杨琳的女儿），她跟着陈赓的部队打到海南，才16岁，高中没毕业。陈赓命令她继续上学，随后她考入人民大学。她和几个"阿姨"一起在人大读书。

---

① 从1950年"五一"起，华润每年都组织香港同胞回国观光团，一直到改革开放。

后排：柳立坚（麦文澜夫人）、鲁映（刘恕夫人）、徐景秋（李应吉夫人）　前排：钟可玉（袁超俊夫人）、谢淑贞（赖祖烈夫人）、黄惠（于凡夫人）、郭里怡

　　每到周末，这六个女大学生就会回到华润驻京办事处——开始在旧刑部街，后来搬到崇文门外上头条。

　　刘恕在这里当办事处主任，给她们煮碗面条，就算改善生活了。她们在北京没有家，这里就是家。返校的时候，刘恕让炊事员给他们炒点雪里蕻咸菜。

　　虽然都是老革命，可是大家都一无所有，大家在一起开玩笑说："我们每个人都是空着手离开香港，只有钟可玉带回一颗假牙，还算是个纪念。"女人们为此笑成一团。钟可玉在香港期间因牙痛拔了一颗牙齿，因此带回一颗镶的牙。

　　北京办事处成了所有华润人的家，不论谁调回北京，都先在这里落脚，然后再到新单位报到。每逢周末，不同单位的华润人都回到这里，像一家人一样。

第二十章　国庆一周年

　　"港管委"成立后，我党领导的香港企业由分散经营到相对集中，这时，大家才可以公开地互相来往。可以说，过去的单纯的业务关系变成了战友关系，从此，中央所属的华润公司和各大区所属的十几家公司像一家人一样，联系增多，到处洋溢着喜庆的气氛。华润员工孙琼英说："华润公司就像一个小解放区。"

　　尽管大批干部调回国内参加新中国的建设，但是，由于实行了统一领导和相互配合，1950年，进出口工作取得了前所未有的好成绩。"港管委"开始制定贸易规则，规范合同文本。

　　一要保证国内进口急需：在战争的废墟上建设新中国需要太多的物资——进口棉花发展纺织业，进口肥田粉发展农业，进口钢材发展工业，进口医药设备建医院。此外还有很多很多。

　　二要保证出口：没有出口就没有外汇，所以出口也是头等大事。而且，香港市场也急需大陆的出口物资。那时内地出口的农副产品、土特产品、手工艺品等，数量还不很大，但是，工作量却很大，国内运出来的商品是用麻袋装来的，是用箩筐装来的，或者是轮船散装来的，到香港后，华润人要再次分装，换成小包装，再销售到香港或转口国外。

　　在紧张的工作中，转眼就迎来了国庆一周年。

　　华润副总经理何平的妻子关文舒回忆：何平负责统战工作，国庆一周年前夕，他的主要任务就是组织大家（包括香港私人企业）在国庆节那天，在香港挂国旗。

　　华润员工组成几个小组，以同乡的身份进行联络。其实，

何家霖(何平）和夫人关文舒

何平的孩子演唱《好阿姨》

许多爱国华侨都希望挂五星红旗，甚至是渴望挂起五星红旗，但是，人们的普遍心理是：自己不要出头，看别人是否挂。

有华润人出面组织、联络，许多商人都表示：十一国庆那天，我们一定挂出国旗。

香港工商界代表很快就做出决定：10月1日悬挂国旗，员工放假一天。在他们的带动下，中小经销商也积极响应。但是，那些大的商会和团体，还处于迟疑和观望之中。可以理解，他们的部分利益来自港英政府，现在，在"禁运和封锁"的背景下，挂五星红旗无异于暴露自己是"亲共"的。

杨琳派何平来到香港华商总会①，与当时的会长高卓雄商议，可否动员全商会成员挂国旗？商会办公楼可否挂国旗？

高卓雄本人表示同意，可是又说：我还要跟其他委员商量一下，要大家一致同意才行。华润公司的杨文炎②与高卓雄素有来

---

① 该商会原名"华商总会"，后于1952年8月改名为"香港中华总商会"。

② 杨文炎1939—1947年一直从事新闻工作，曾任香港《经济导报》总编。他曾多次采访过何香凝，发表了《爱国老人何香凝谈团结抗日》等文。解放初期华南局急需经济信息，他从《经济导报》调到南新公司研究部，该公司并入华润后，他在华润研究部做负责人达数十年。

往，他与高卓雄谈话，得到同样答复。

回到华润，何平把这件事汇报给杨琳，杨琳认为：华商总会之所以命名为"华商"，就是为了与"洋商"商会相区别，商会成员大多是爱国商人，他们的爱国热情实际上很高，他们很多人在抗日战争和解放战争中都为祖国的解放出过力，现在，为了打破美蒋封锁，这些人依然在为了扩大国货出口而奋斗着。

高卓雄

杨琳想到：华商总会具有示范作用，他们挂国旗与否直接影响到香港的其他中小商人。

华润港管委、香港工委召开联席会议，决定加大工作力度，派更多的人分头跟华商总会的所有成员做工作。

杨琳向中央汇报了这件事。

不久，一封署名"何香凝"的信件从北京寄到香港华商总会，邀请商会派代表回国观光。并嘱咐道：首届国庆转瞬降临，请国庆日务必悬挂国旗庆祝，以表爱国热忱①。

何香凝老人的慰问给商会会员增添了无比的温暖，9月30日下午，华商总会的理事和监事召开会议，专门讨论挂国旗问题，最后，大家一致同意：1950年10月1日，所有华商总会之写字楼、工厂全部挂五星红旗。

国庆前夕，一个由香港爱国华侨组成的代表团在何平的带领下，来到北京，何香凝亲自招待大家，赞扬他们的爱国精神。何香凝和代表们一起回忆抗战时期"募捐"的情景，感慨万千。大家还登上天安门城楼，感受全国人民的喜悦。

会后，何香凝把一条丝巾送给何平，请他送给他的妻子关文

---

① 采访杨文炎记录。

1950年国庆，何香凝与香港代表团合影。（前排右一彭德怀，前排左二何香凝，二排右一黄长水）

舒。关文舒一直保留着这条丝巾。

何平（又名何家霖、何家霈），1914年生，大学学历，1938年参加革命，曾在广东第四站区、第七站区任职，1946年到香港香岛中学任教，1947年任香港永发印刷厂副厂长，参加工商界统战工作。先后任香港南新贸易公司经理和德信行经理，1952年任华润公司副经理、香港中华总商会常务董事、香港中国国货公司常务董事，其间负责香港华商和侨商的联络工作。

在香港中央图书馆，我们查阅了1950年国庆期间的香港《文汇报》，摘录如下：

10月1日——

1、庆祝中华人民共和国的诞生 香港澳门两地同胞今日狂欢庆祝国庆 工人、工商界、文化教育界、新闻出版界、电影艺术界，纷纷举行茶会、酒会、晚会庆祝国庆。

2、五星国旗在香港飘扬

华商总会开会通过：近日悬旗 放假一日

本报讯：华商总会于昨日下午二时半举行第16届理事

特别联席会议，出席理监事40余人，由理事长高卓雄主持，经过将近两小时的会议，各理监事先后发表意见，由莫应溎提议、潘范庵附议及几位理事申述庆祝国庆是天经地义合情合理的事情以后，结果全体无异议一致通过了依照港九工商界庆祝国庆大会预备会的通告，于国庆日升起国旗，放假一天。

3、国庆前夕的狂欢

香港九龙九大工会昨开国庆酒会

在香港起义的国营机构也举行了国庆酒会。

1、两航员工昨举行庆祝国庆节酒会 四百多护产功臣充满了兴奋与喜悦

2、招商局香港分公司门前将搭牌楼庆祝国庆

3、资源委员会举行国庆联欢晚会

10月3日，港澳各界致电党中央，《文汇报》用专刊刊登各界电文。

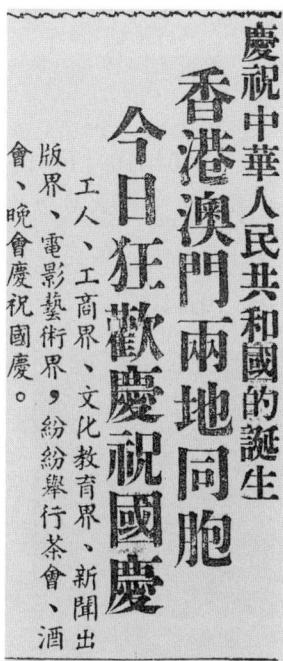

《文汇报》1950.10.1

《文汇报》1950.10.1

敬礼，毛主席和首长们 香港澳门各界庆祝国庆大会的
贺电

1950年10月1日国庆节后，在香港挂五星红旗的商会和部分
中小商人受到港英政府的追查，也受到国民党残余势力的迫害。
当时的香港，国民党反动势力还十分嚣张，国民党的旗帜随处可
见，10月10日"双十节"，国民党残余部队大肆庆祝。

莫应湛

杨文炎于1939年

由于莫应湛是"国庆日悬挂国旗"
的提议人，加之，1950年春季，莫应湛
和黄长水（任团长）等率香港工商界代
表团回北京和东北参观，受到周恩来总
理的接见。这些行为受到港英政府的猜
忌和追查。

莫应湛毕业于英国剑桥大学法律系，
有律师执照，港英政府指责他是"知法犯
法"。港英政府用"礼送出境"相威胁。
莫应湛选择了主动回国。1952年9月，他
与黄长水一道回到广州。①

港英政府政治部派人来华润，寻找杨
文炎。

杨琳知道，来者一定不怀好意，马上
通知杨文炎到澳门躲避。

在澳门，杨文炎住在柯平的"竹室"
里，长达8个月。其间，杨文炎的妻子黄
士娴正怀孕，华润派人把她送到澳门，他

---

① 采访黄长水之子黄光明和莫应湛之子莫庆义。莫应湛（1901-1997）回国后曾任人大代
表，广州市政协第五、第六届副主席，是香港基本法起草委员会委员，长期担任广州
国际信托投资公司董事。

们的儿子出生在澳门①。

由于受到追查，华商总会部分成员产生了畏惧情绪，加上正值抗美援朝战争期间，美蒋封锁加剧。1952—1954年，华商总会不再挂五星红旗，当然，在双十节也不挂国民党旗，保持中立②。

为了加强与华商总会的联系，1951年初，华润公司以香港普通公司的身份，申请加入商会。这是当时的入会申请：

The Secretary,

Hong Kong General Chamber of Commerce,

Dear sir,

We forward here with our application for membership together with a memorandum showing particulars concerning our firm. We shall be glad if you will place our application before your General Committee at the earlist meeting.

China Resources Co.

华润公司申请入会的推荐人是汇丰银行总经理。

We propose China Resources CO. for membership of the Chamber.

The Hong Kong &Shanghai

Banking Corporation

R.P.Moodie

---

① 采访杨文炎记录。柯平又名柯正平，长期在澳门从事革命工作。

② 这是可以理解的，当时的斗争还很残酷。1956年10月香港曾发生"九龙暴动"。国民党残余势力为庆祝双十节，逼迫港人挂国民党旗帜，对挂五星红旗的港人实行打砸抢，华润商场也被砸。

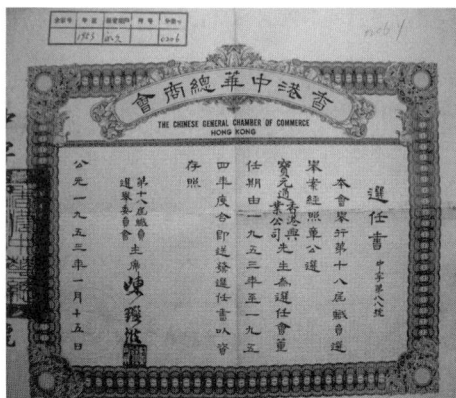

照片来源：华润档案馆

　　永远会员证书：华润公司宝号经遵照会长加入为本会
永远会员，相应发给本证书以资证明。

　　　　　　　　　　理事长 高卓雄

　　　　　　　　　　副理事长 谢雨川 陈友耀

　　　　　　　　　　1951年4月1日

　　何平代表华润公司出任中华总商会常务董事。此后，华润与
华商总会成员一直保持着密切关系。

王宽诚　　　梁燊　　　汤秉达　　　霍英东　　　陈有庆
（以上人员为香港中华总商会历任会长）

第二十一章　新中国的外贸体制

在档案馆，我们找到这样一封电报，是1949年10月31日中央统战部发给杨琳的。

> 一、东北大豆上半年出口价内定每吨美金一百二十六元至一百三十元，为取得价格及行动一致，你处及广大（华行）售交日本大豆不要低于此价。
> 二、东方轮抵（大）连即装豆，余豆请电告刘徐，在连接受。
>
> 　　　　　　　　　　　　　　　　　叶　张

拍电报的人是谁，文中提到的"刘徐"是谁，我们说不准，估计是刘昂、徐德明。发电报的"叶"，估计是叶季壮，"张"是谁，不详。

统战部的前身是"城工部"[①]，曾由周恩来分管。从华润建立电台之日起，中央的指示多是通过城工部下达，各地给华润的电报也通过他们转达。

1949年10月19日，"中央财经委员会"开始在经济工作方面行使领导权。

1949年12月2日，中财委致电杨琳[②]。

---

① 即"城市工作部"，主要分管白区（蒋管区）工作。当时的城市多为白区。
② 华润集团档案馆（第一馆）。

香港杨琳：

一、猪鬃拟全国实行统销。

二、决定国营贸易机关出口猪鬃，对外统一按下列价格：东北改良五五鬃，每磅美金七元一角，天津七元，山东六元九角五分，汉口十七号鬃四元九角，重庆二十七号鬃二元四角，上海十七号（四十分）二元六角。以上报价各地均于十二月二日开始执行。

三、与四川畜产公司商定，该公司在港猪鬃自十二月二日起亦按上述价格报价。

四、与四川畜产公司商定，委托该公司出口猪鬃一律按佣金百分之二，委托其他私商出口时也不要高于此数。

中财委

这两份电报反映出：国内经济机构在发生变化，战争年代的体制在逐步改变。而且还可以看出，新中国已经开始对主要出口物资实行统购统销了。

1950年1月，中华人民共和国刚刚成立三个月，政务院主持召开全国猪鬃会议、皮毛会议、油脂会议，研究出口工作。

1月12日，陈云致电毛泽东并中共中央，就会议的综合报告作请示。该报告写道："猪鬃收购任务如能完成并全部输出，可换汇四千八百三十万美元。战前我国猪鬃出口占世界市场总量的70%，能左右世界市场，因此决定由政府统销。"[①]就在这次会议上做出决定：成立全国性的猪鬃、皮毛、油脂专业公司，并在各地设立分支机构，统一由贸易部领导[②]。

据考察，对猪鬃、皮毛、油脂等商品实行政府统销，这是新

① 《陈云年谱》，中央文献出版社，2000年。
② 当时的"贸易部"包括"国内贸易司"和"国外贸易司"，1952年在贸易部两个司的基础上，建成"商业部"和"外贸部"。

中国政务院提出的最早的一项具有全局性质的外贸政策。

中国猪鬃公司等几家公司成为我国第一批具有外贸总公司性质的专业进出口公司。1952年我国成立对外贸易部后，就形成了以外贸部下辖外贸进出口总公司为格局的贸易系统。华润公司作为对资贸易总代理，在进出口价格等方面一直坚持"一个窗口""统一对外"，直到改革开放。

政务院、财经委员会能在建国三个月时很快做出"对猪鬃、油脂、皮毛、粮食等几大类商品实行政府统一采购、统一出口"的决定，完全基于对华润公司的了解和信任。经过抗日战争、解放战争多年的考验，他们知道：华润公司已经在海外建立了比较稳固的贸易网络，一定能担负起进出口统一对外的使命。

第二次世界大战后，世界划分成两大阵营：

一个是以苏联为代表的社会主义阵营，包括苏联和十几个新民主主义国家，我国与它们之间开展的贸易活动简称为"苏新贸易"，与这些国家之间的贸易主要是"易货贸易"。

另一个阵营是资本主义国家及其殖民地，包括香港、澳门及东南亚地区，我国与他们之间的贸易活动简称为"对资贸易"，当时，从"对资贸易"活动中，我国才能获得自由外汇。

在此后很长一个时期里，华润公司作为"对资贸易"的总代理，成为获取自由外汇的主渠道。

猪鬃、油脂、皮毛、大米、黄豆、中药材、茶叶等土特产品成为我国对资出口的主要物资，为祖国换回大量急需的外汇。

国内的社会主义建设朝气蓬勃，劳动人民焕发出前所未有的建设热情，到处莺歌燕舞，感动着杨琳、张平和每一个从香港回来的人。

与国内欣欣向荣的景象相反，1950年，香港的形势进一步恶化。蒋介石撤离大陆时，一批国民党军队整建制地留在了香港，在"反攻大陆"的叫嚣中，特务活动猖獗。1950年美国第七舰队开进台湾海峡时，舰队曾在香港海湾停留，美朝战争期间，美国军舰常行驶在香港海域。

香港变成了前线，这里虽然没有炮火，却时时能感受到来自敌对势力的威胁。

1950年春节前夕发生了台湾扣我"神杖轮"的血腥案件。

1950年6月25日，朝鲜战争爆发，美蒋对新中国的封锁和禁运逐步升级。

1950年5月，杨琳、李应吉、张平等再次回北京开会。

这是"港管委"（又称"华润董事会"）第二次工作会议。华东局①和华南局派人参加。

会议决定：为了进一步发展对外贸易，为了减少不必要的牺牲，要强化"港管委"的统一领导，把原华东局、华南局所属的海外贸易公司全部划归华润领导，由中央办公厅"香港管理委员会"直接指挥，在外贸出口方面实行统一领导、一个窗口对外。

这是一个很重要的决定，此项决定确立了新中国"计划经济体制"下的外贸体制：统一领导，一致对外，主要商品由国家统购统销。

此后，党中央对香港的"党产"实行了统一领导，中央所属的华润公司与地方所属的各公司，全部接受中共中央办公厅的领导，在香港接受"港管委"领导。

解放战争时期，华东局、华南局在香港先后建立了一些窗口公司，这些公司包括：宝生银号、运通公司、香港企业公司、民安保险公司、合众公司、永大公司、联合行②、南新制药公司、安达公司等。

在这里我们有必要简要介绍一下地方公司的情况：

---

① 解放战争时期，我党领导的华东局包括山东、上海、江苏等地区。
② 此后"联合行"改名为联合公司，不同于华润前身"联和行"和"联和公司"。

先说宝生银号。烟台曾是我党领导的一个早期的根据地，山东产黄金，为了把黄金换成货币，1947年，我党派张尔华（张敏思）①到香港收购并改组宝生银号，取得了黄金经营权，可以做黄金期货。1947年11月，波德瓦尔号轮船第一次运货到华润时，带来的"小黄鱼"黄金就是交给张尔华打成金条出售的。此后，党中央拨给华润公司用于采购进口物资的黄金总计大约为8万两②，"小黄鱼"基本上都交给宝生银号办理。出售黄金换取货币，再由华润采购进口物资，运回国内。初期公司只有四五个人。从1948起，华润公司与宝生银号一直密切合作。业务扩大后，张锡荣加入宝生银号。

运通公司也是山东党组织开办的，最初是用70吨的小船在烟台与香港之间做小型贸易，华夏公司成立后，有了大船，运通公司后来的业务主要是租船。苏世德（刘若明）任运通公司总经

50年代在北京，左起：陈明、张平、张敏思、刘若明夫妇

① 采访周德明记录。在整理材料的过程中，我们发现四个姓"张"的人实际上是三个人，张尔华、张敏思、张云啸、张锡荣，搞不清哪个是化名。周德明说张尔华就是张敏思。张敏思在抗日战争时期曾与夏衍在一起任《救亡时报》负责人。
② 王华生回忆文章。

理，副经理倪克功（又名束轶），还有一位姓宋，张云胜也是公司成员。如果追溯我党领导的海外航运史，运通公司可能是源头，它早于华润的华夏公司。后来合众公司的梁万成加入。

合众公司（英文名称：The Universal Development CO. LTD）1946年创建于上海，经理叫石志昂。石志昂1914年出生于浙江，1935年在上海入党，从事抗日救亡活动。1936年在刘晓领导下参与发起上海洋行华员联谊会，他当时是上海英资会德丰洋行证券部经理。"八一三"后任上海实业界救亡协会地下党党组书记。太平洋战争爆发后，日本军到会德丰洋行抓他，他在舅舅的掩护下逃脱，转到淮南抗日根据地。抗战胜利后回到上海，开办合众公司，为我党筹集经费。1947年，华东局派石志昂到香港办公司。为了摆脱特务盯梢顺利离开上海，石志昂一家三口开着小车带着张锡荣、梁万成等假装去杭州旅行，把钱藏在车座下面。到杭州后，石志昂一家和司机返回上海，张、梁二人带着资金乘火车到广州。不久，石志昂一家也到了广州，他们把资金装在做饭用的蒸笼里，来到香港。1947年8月开办香港合众，初期在华人街，后搬到印刷行。

张锡荣到香港后不久进入宝生银号。他很懂金融。

何忠祺回忆说："我父亲是石志昂的舅舅，救过石志昂，他是我表哥。1948年冬我在上海读高中，17岁，国民党抽壮丁，抽到我，我母亲把我送到香港，找表哥，之后就留在合众公司。跟我同一条船来香港的还有朱枫大姐，她任合众公司会计，我党干部。当时公司只有七个人：总经理石志昂，副经理张云啸，员工包括张云啸的妻子董琼南，梁万成、冯舒之、朱大姐[①]、我。解放前夕，朱大姐被派到台湾，由于特务出卖，被捕后与吴石等一起牺牲。"

[①] 朱大姐即朱枫。

张云啸，1916年出生，1937年毕业于上海中法学校，在法租界当翻译，1938年入党，1947年8月从上海到香港，任合众公司副经理。

民安保险初期只有三四个人。这间保险公司是顺应大协同的需要而建立的，初期受香港工作委员会的直接领导。开办民安保险的起因要从1947年11月说起。随着东北第一船出口物资抵达香港，华润公司开始承担起为哈尔滨根据地和东北战场采购物资的重任。运送物资回国要办理"航运保险"，香港保险公司多数是英国背景，不仅手续麻烦，而且检查严格，对战略物资，他们会以各种借口进行刁难，拖延时间，索要高额保险费。

为了缩短保险时间，更是为了物资安全，我党决定在香港开办自己的保险业务。广州有一家大安保险公司，沈日昌和吕书东为负责人，吕书东的弟弟吕增训是公司员工，吕增训1947年进入大安保险，在这里加入共青团。吕增训回忆说：当时的主要业务是"商家火险"和"轮船保险"。这家公司不大，是我党开办的。1947年底，广州大安保险公司结束，原班人马到香港开办民安保险，当时的名义是几个人合办的无限公司。此后，华润和华夏公司的航运保险业务主要由民安保险承担。

吕增训说："我当时年轻，跑外勤，经常去华润送保险单。华润公司搬到毕打行后，离我们公司很近。我也常去广大华行，后来，沈经理谈恋爱，对象在广大华行，我去收账时，经常帮他们带信。"

吕增训还说："我和哥哥在民安保险，我姐姐也在

退休后的吕增训

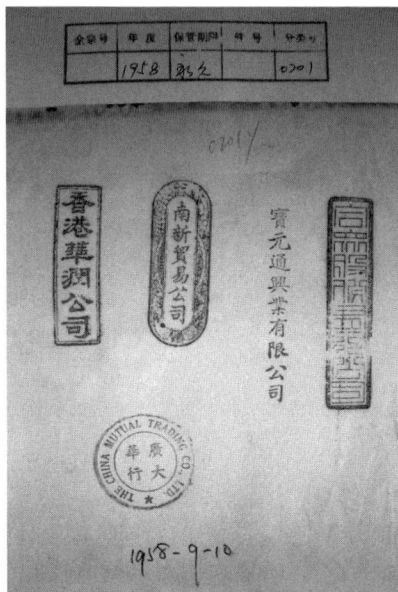

公司印章：香港华润公司、南新贸易公司、宝元通兴业有限公司、合众公司、广大华行

香港，姐夫是石志昂。他们是1947年到香港的。"

那时参加革命是很危险的事情，作为公司领导者来说，经常会把亲戚引进自己的公司，为的是可靠。吕增训说："合众公司与民安保险是两家公司，由于石志昂的关系，我们关系很近。石志昂是大哥，参加革命又早，我们都听他的。'港管委'成立后，我们就开始接受华润公司的领导。1950年5月，石志昂调回上海，出任中国进出口公司华东分公司经理，合众公司和民安保险公司就成为华润'港管委'的下属公司了。"1949年9月29日，就在建国前夕，香港民安保险有限公司在香港正式注册。

香港企业公司的业务是进出口，隶属于华东局，人员多来自山东，出口青岛啤酒是主要工作之一。创办人不详，可能是张林发（又名宿汉池）和谭庭栋。并入"港管委"前由张云啸负责，后期负责人有杨林秋、徐鹏飞、乔中平。

永大公司是青岛的公司，经营土特产，初期的负责人是王维、励星南、吴金铭，后来是宋镐、唐群。

联合行属于南北行，隶属于华南局，经营杂货，兼做贸易。负责人李文浩。

南新制药公司(英文名称：Nam Sun Trading CO.)的负责人为周康仁、何平，隶属于华南局，业务以药品为主。

安达公司的负责人是庄世平，前面已经介绍过。

这些公司和机构都很小，但是，能量很大，几个人就能做惊天动地的事情，甚至能改写历史。

在这次机构改革中，地方公司全部交给中央办公厅统一管理，干部由华润"港管委"统一调配，此时各公司还保留了原名称；在香港，这些公司都作为"港管委"的下属机构，由"港管委"安排进出口贸易等活动。

回到香港，杨琳和李应吉召集大家开会，传达中央决定，并重新调整了干部配备，石志昂等又一批懂经济的干部调回国内，支援各地新政权的建设工作。

那段时间里，机构变动和人事变动很快。为了加强管理，华润公司加强了员工学习制度，华润公司和新并入的公司员工都要学习国际贸易知识和大众哲学。邱文敏曾回忆过这段学习经历，他从小生活在海外，没有系统学习过马列主义，虽然忠于党，也不怕牺牲，但是政治理论水平不够高，通过学习，大家的觉悟得到提高，认识到了如何在新形势下开展对外贸易和统战工作。

在党中央的领导下，华润逐步确立了外贸经营的主导方式，这些方式的确立在一定程度上也是新中国对资贸易政策的具体体现。

新中国要在战争的废墟上建设现代化国家，发展工业，需要大批进口物资和技术，外汇收入主要靠地处香港的华润公司。正是通过香港这扇大门，经过华润公司和全国外贸系统的共同努力，我国才打开了通向西方资本主义国家的贸易通道。

我国出口商品的流向，一是香港及东南亚国家，二是通过香港转口日本、英国、美国等国家。解放初期，转口贸易量还比较大，比如，1949年华润向英国出口了100万吨东北黄豆。我国的黄豆含蛋白质成分较高，美国等国家的大豆含油量较高，因此，我国的大豆在世界市场上一直很畅销。

1950年3月5日《大公报》报道：猪鬃经港输出，去年三万六千余担，运销美国三万一千余担。

美国通过四川畜产公司的古耕虞向华润购买了400万美元的猪鬃。

为了保证大豆、猪鬃的出口运输，华润一次租用轮船达20艘。租船工作当时由舒自清负责。

20艘轮船满载着我国的出口产品运往西方国家和日本，又从那里买回我国所需要的物资。

本章几次提到四川畜产公司。

1949年10月4日，开国大典后刚刚三天，周恩来会见四川畜产公司经理古耕虞，乔冠华在座。古耕虞对周恩来说："我想把我的公司全部交给国家。"①

四川畜产公司的业务以出口猪鬃为主，在英国、美国影响很大。解放战争时期，中国的猪鬃产量约占世界总产量的80%，美国进口的猪鬃70%以上是该公司的"虎"牌猪鬃。在作为替代品的"尼龙鬃"出现之前，猪鬃用途很广。

解放战争时期，国民党四大家族曾觊觎古耕虞的企业，逼他就范，古耕虞机智应对，硬是在商场上打败了对手，保持了猪鬃大王的地位。

1947年起，自从东北根据地实行统购统销以后，东北地区的猪鬃全部由政府收购，由华润代销，古耕虞的业务逐渐萎缩。作为民族资本家的古耕虞，亲眼看到了新政权的伟大，也看到了华润公司的力量，于是他决定把自己的公司交给国家。他在国外的商业网络很有价值，四川畜产公司在香港、英国、美国都有分公司。

1950年4月13日，陈云向中共中央作报告，建议把四川畜产

---

① 赵映林：《猪鬃大王古耕虞创业记》，《名人传记》，1997年2月。

公司并入中国猪鬃公司，这样做是"公私两利的"。可以说，这是我国外贸领域实施统购统销后第一个公私合营的范例。

此后，四川畜产公司的货源来自华润，猪鬃出口价格接受华润的指导。四川畜产公司香港分公司的经理调进华润，其他工作人员的工资待遇参照华润标准执行[1]。

此时，新中国还没来得及提出对民族资本家实行社会主义改造等政策，然而，第一个公私合营的范例就这样产生了。这不能不说是大势所趋。

---

[1] 中央档案馆资料。另根据华润公司时任副经理张平回忆。

第二十二章 冲封锁——神杖轮案件

全国解放的大好形势使香港爱国同胞受到极大鼓舞，许多工会组织自发地挂起了五星红旗，加上招商局和两航起义的成功，香港爱国情绪十分高涨。

大陆对香港的进出口量和转口量得到很大提高，1950年新中国对香港和资本主义国家贸易进口3.9亿美元，出口3.76亿美元；

但是，新中国诞生以后，美蒋集团不甘心失败，扬言要反攻大陆，台湾的军舰封锁了台湾海峡。

1950年初，华夏公司签订了一项运输合同：从香港运货去台湾，回来运糖2000吨。

右：浦亮畴，华润公司副总

华润公司副总经理浦亮畴负责办理这件事。

华润领导对这次航行很担心，杨琳对浦亮畴说："招商局刚刚起义，国民党一定气急了。你要认真安排一下。"

此前华夏的轮船经常跑台湾，东北的豆饼基本上都运到台湾去了，从台湾买糖也很多。从香港到台湾的航运线路，大家都很熟。

为了防止国民党特务破坏，浦亮畴把神杖轮的船长换成英国人，轮船挂英国国旗，办理保险时，增加了"扣留险"和"兵险"，然后把华润老船员全部换下来，将新来的海员周秉钬（化名周炳孚）派到船上任二副。周秉钬25岁，缅甸华侨，1946年入党，船上只有他自己是党员。轮船买办由刚刚并入华润的广大华行的员工应燕铭担任，他不是党员。

应燕铭当时正准备结婚，他和浦亮畴的妻子是亲戚，浦亮畴说："等你回来，我们在华润给你办一个隆重的婚礼。"

周秉钬，1950年2月随华夏神杖轮运货到台湾，被捕入狱，受尽折磨

所有的细节都安排好以后，他又请示杨琳，得到批准。

1950年2月，就在香港招商局起义十几天后，神杖轮出海了。虽然这条船经过了包装，但是，谁都知道，去台湾，这是一次危险的航行。

周秉钬临行前给他的未婚妻写了一封信，信中说："我准备牺牲了，你如果等不到我，就不要等了。"①

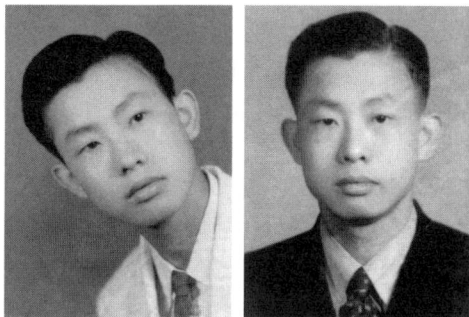

————————
① 采访周秉钬记录。

华夏公司总船长刘双恩亲自开车，把周秉鈇送到刚刚并入华润的运通公司。上船后，周秉鈇对船员做了仔细观察，发现三个可靠人士，他们以前曾是东江纵队的游击队员，叫张九、王林寿、欧才。他们都是香港海员工会①介绍来的。

神杖轮先到基隆，在那里卸货十几天；之后，轮船开到高雄，在那里又卸货。卸货速度很慢，船员闲着没事，就约见老朋友。

有一天，周秉鈇的老同学白宗添很紧张地来到船上，对他说："听说你们这条船是八路的。"说完就走了。

又一天，船上的海员钟兆兰对周秉鈇说，"隔壁船上的一个船员来看我，他是我的老乡，他说，你可真大胆啊，怎么跟八路的船到台湾。"

神杖轮真的出事了。

1950年2月16日，货卸完了，台湾领航员上船领航，就在神杖轮准备启航返回香港的那一刻，台湾港口司令部的人上了船。到下午四五点钟，码头就被封锁了，一些穿着美式军装的人上了船。

黄昏的时候，他们先带走了一批船员，这些人是普通船员，没文化，也没斗争经验，在审讯过程中，可能露出了一些破绽。

午夜时分，国民党特务拿着枪开始搜查英国船长和大副的房间，接着又搜查中国船主应燕铭和二副周秉鈇的房间。然后把他们带下船，带进一所学校。这天是大年三十，远处传来过年放鞭炮的声音，周秉鈇等高级船员在这里被分头审讯。

特务们对周秉鈇说："大年夜请你吃饺子。"然后就开始打，他的脸上到处出血，耳朵被打坏了。他们让周秉鈇说出轮船

---

① 香港海员工会的前身是中华海员工业联合总会，成立于1921年。在林伟民、苏兆征的领导下，曾在1922年举行香港海员大罢工，取得胜利。1925年"省港大罢工"时，香港海员成为骨干力量。

的主人是谁，问他是不是共产党，周秉钬坚持说自己是香港海员工会会员，是工会派他上船的，其他一概不知。

打完以后，特务们把周秉钬押回学校。

周秉钬看见，在学校的餐厅里，一个理货员扒在桌子上，也挨打了。

大年初一的早上，两个国民党特务拉手风琴，是一首革命歌曲，他们是在试探周秉钬。周秉钬装作不懂。

大年初一的下午，特务们拿出一条绳子，挂在房梁上对周秉钬说："给你十分钟，再不交待，就吊起来。"周秉钬感到很紧张，他想：我不能暴露华夏公司，也不能说东江纵队，等着上吊吧。

国民党特务并不想真的让他死，过了十分钟，没事了，又闯过一关。

大年初一的黄昏，来了一部车，特务们把船上的主要人员推上车。应燕铭受了重刑。车子把他们拉到高雄的一个看守所，关在木头笼子里面。

周秉钬被关在2号笼子里，坐牢有个规矩：新来的人贴着马桶睡觉。

难友告诉他：在牢房里，日难过，难过日，日日难过日日过。

事故发生以后，华润公司马上采取了紧急措施，多方营救。

他们通过记者发出消息，说"台湾当局"扣留了一艘英国轮船。很快，英国电台播发了这条消息。

华润公司请香港海员工会出面帮助，强调这只是一艘普通的贸易货船，根本没有政治目的。

同时，华润还在香港聘请了律师，递交了诉讼报告。

第二天，英国广播电台BBC报道了这件事，英国新闻界抗议台湾无理扣留英国轮船。

这对被扣留的海员来说是一个极大的鼓舞，大家都知道：消息出去了，就有救了，怕的是没人知道，那样，有可能会在无声无息中死去。

18天后，神杖轮上的高级船员被送到台北最高军法处看守所。

未经公开审理，国民党当局就下手了：1950年7月24日，神杖轮的代理买办应燕铭被枪毙，罪名是"为叛徒载运物资未遂"。理货部的七名船员被判以十年徒刑，水手长王利生被判处一年徒刑①。

神杖轮暴露的原因大概有三个：

其一，神杖轮从香港出海时，浦亮畴曾到码头送行。

其二，应燕铭身上有一张广大华行的名片。随着1948年12月龚饮冰、卢绪章回国任职，国民党特务才知道，原来广大华行里有那么多共产党人，国民党在台湾进行了一次大清查，排查所有与广大华行有联系的人，逮捕了一些无辜人士。应燕铭受牵连。

其三，国民党特务在理货舱里找到一张日历纸，纸上记的是天气预报，这张纸上有"运通公司"等字，他们知道运通公司接受华润领导。

在华润公司的营救下，除理货部船员外，其他船员和神杖轮回到香港。1950年10月，经历了8个月铁窗生涯，周秉钛也回到香港，他骨瘦如柴，见到华润员工后大家拥抱在一起，泪流满面。

之后他住到船长刘双恩家里，刘双恩夫妇照顾他恢复健康。

经过严格的组织审查，华润党支部宣布：周秉钛在狱中表现勇敢，没有叛变行为②。

---

① 台湾白色恐怖档案（第7辑）。七人名单不详，周秉钛也不认识他们，理货部相对独立。华润公司为应燕铭家属办理"抚恤金"，并为被扣海员的家属办理了相应的生活保障。
② 采访周秉钛记录，那时出狱都要审查。我们没有找到应燕铭的照片。

神杖轮事件给华润员工以极大的教训，大家认识到：新中国诞生以后，香港已经成为一个前沿阵地，华润公司已经从"敌后"变为"前线"。

为了打破美蒋封锁，华润公司充分依靠香港的爱国同胞和爱国华侨，团结了一大批港商和侨商。在他们的帮助下，通过中间商扩大贸易范围。

周秉鈇回忆说："华夏公司'冲封锁'是很复杂的海上游击战，做过很大牺牲。华润公司的出口和进口，卖和买，都通过我们海上运输，我们的每一次航行都是危险的过程。台湾和美国的飞机在上空盘旋，我们就把英国国旗张开，穿上英国的好衣服，让他们看。后来就不走台湾海峡了，走台湾岛的东边。"

1950年夏天，华润公司的东方轮在香港装完货，准备驶往大连，还没出海就发现，香港口外停泊了多艘国民党军舰。东方轮刚出港就被敌舰探照灯发现，被迫退回。第二次出航又被发现。第三次，东方轮成功躲过敌舰侦查，很快驶入公海，开往大连。这次被拦截说明，东方号的身份已经暴露，卸货后，华润公司把东方轮交给了新中国的交通部。

第二十三章 印巴三处
——为西藏解放运送物资

随着新中国的诞生，香港成为一个敏感的地方。1949年12月"港管委"成立，"港管委"的使命不仅仅是发展对外贸易，他还要领导在香港的"党产"公司面对来自台湾和各种敌对势力的威胁。

1950年1月29日，国民党在台湾逮捕了我党设在台湾的"省工委"书记蔡乾(蔡孝乾)，他被捕一周后叛变，造成400多名台湾的地下党员被捕，其中包括在国民党军队担任中将的吴石及一批高级军官。

几乎同时，1950年2月16日，大年三十，华润派往香港的神杖轮被扣。

国民党在台湾大肆捕杀共产党。1950年4月18日，香港《新闻天地》发表了一篇长文，公开记录国民党在台湾破获共产党地下组织的经过。台湾报纸声称："台湾书记蔡孝乾叛变，台地下党组织全军覆没。"[①]机要员徐立人流着泪把那些地下党员的名字译成电报密码，上报中央。

6月10日，吴石等六人被枪决。这就是著名的"吴石案"，至今还有很多历史学家在研究这段历史。

吴石在抗日战争时期曾任第18集团军政治部的干部，在重庆八路军办事处与刘恕、袁超俊等都有接触。另外，蔡乾曾到过香港，在万景光的家里向刘晓汇报工作。

---

① 在周恩来的安排下，吴石等被追认为革命烈士。

蔡乾叛变后，在香港的一些相关人员也需要马上转移，杨琳等首先想到了万景光。此时，万景光正在上海汇报工作，杨琳致电国内有关部门，通知万景光不要回香港。随后，杨琳又派人安排万景光的妻子冯修蕙带着孩子回到广州。

杨琳等安顿好了万景光及其家人以后，用8万港币买下了万景光租住的小楼九龙塘罗福道8号，小楼成为华润名下的"私宅"，这样安全些。九龙塘罗福道8号，是一座具有革命历史的小楼，1948年12月，广大华行并入华润的时候，传达中央精神的会议也是在这里召开的。我党许多干部进出香港都曾在这里落脚。

在1950年初，华润的又一批干部调回国内。麦文澜也不能留在香港了。

人员在减少，可是，中央对华润的要求却更高。此时，我党正在筹划和平解放西藏，华润"贸易支前"的脚步要从东南沿海转到西南部地区。

和平解放西藏需要华润公司的配合。

1949年底，我党在考虑西藏和平解放的大政方针时，除政治军事等重大议题外，还有一个关键性的议题，那就是：如何保障西藏人民的生活。为西藏运送生活和生产物资的任务就交给了华润。

1950年初，杨琳、李应吉领导的"港管委"决定：派麦文澜去印度和巴基斯坦，开辟新的业务。

在中央的统一安排下，一项公司间的股份转让工作开始实施。

我们在档案馆查到这样一份合同文本，签约时间是1950年4月17日。

甲方：宝元通兴业股份有限公司

乙方：华润公司

宝元通兴业股份有限公司总管理处因集中全力经营国内贸易，决定将所属国外贸易部分即香港注册之宝元通兴业有限公司全部转让，并由全权代表人潘陶齐、周书元与宝元通兴业有限公司新股东代表杨廉安、麦文澜议定转让办法如次：……

公司改组：

香港注册之宝元通兴业有限公司及其印度分公司所有牌名商誉登记执照等全部无偿转让与乙方。

香港宝元通兴业有限公司于1946年9月23日在香港注册，英文名称为：Pao Yuen Tung Trading Company Limited，股东包括黄凉尘、潘陶齐、郑星恒、周书元、易仲郛。背景不详。

股东转让后，新股东包括杨廉安、张显惠、麦文澜、巢克林、黄美娴、毛纹、刘锡恩、吕虞堂、柳立坚，此外还有六个小股东。

韦向辰、余秉熹、麦文澜

春天，麦文澜回到上海，把12岁的女儿交给老战友缪蔚君，寄养在他的家里[①]。

从上海回香港后，麦文澜和妻子柳立坚带着小儿子飞往印度。薛启培

① 许多华润老前辈都有过"寄养"孩子的经历，杨琳的孩子曾托付钱之光照料，张平的孩子曾托付龚饮冰照料。

和妻子周栩先到机场迎接。

薛启培和周栩先到印度，加尔各答的宝元通当时只有他们两个人。麦文澜到印度后，任宝元通公司经理。

1950年5月，中央人民政府和西藏地方政府签订关于"和平解放西藏"的协议，至此，中国大陆各省市完全解放，只剩下台湾岛。1950年11月2日香港《文汇报》记载：《我大军进兵西藏　解放军纪律严明　沿途藏胞狂欢欢迎　驻守宁静藏军光荣起义》。

宝元通公司职工陈国庆、麦文澜、杨璐良，1950年于印度

西藏解放初期，土匪很多。我国东、中部地区与西藏的交通几乎瘫痪，连"马帮"都难以通行。为了帮助西藏人民尽快摆脱贫穷，我党决定，通过华润在印度建立公司，把支援西藏的物资从我国东部沿海运到印度，再通过印度与西藏相连接的边境口岸运往西藏。

宝元通此时的任务就是给西藏输送物资。为了扩大贸易渠道，麦文澜在印度和巴基斯坦开办了三个点：

印度加尔各答宝元通，麦文澜坐镇；

印度孟买宝元通，杨璐良负责；

巴基斯坦卡拉奇（喀拉蚩）宝元通，江国恩负责；

这三个点简称"印巴三处"，都是港口城市，便于轮船运输。

公司最初的任务是给西藏运送生活必需品，食品、食盐、药品、布匹，这类物资都是紧缺的物资，需要量也最大。宝元通一方面接收华夏轮船从国内运来的物资，一方面也就地采购，然后运到西藏边境线附近。开始主要是运到日喀则，西藏政府派人接应，再用毛驴驮着分别运到西藏各地区。日喀则距拉萨约500公里。那时，食品和药品运了很多[①]。

我国的大米、茶叶源源不断地由华夏轮船运到印度，再转运到西藏。

除食品外，宝元通还运过大量家具和办公用品，如帐篷、桌子、椅子等等。

西藏解放后，开始了修路的历史。为了保证西藏修路所需物资，华润宝元通长年累月采购炸药和修路工具，比如镐头、麻袋、推土机，还有胡椒。据说胡椒可以用作炸药原料。

还有一类物资就是矿灯和钻头。这类物资不只是用来开矿，还用来开隧道。

宝元通公司在印度和巴基斯坦发展迅速，正式员工很快就发展到50余人（不包括工人和临时雇用的装卸工），许多人是当地华侨。印、巴华侨从抗日战争时期就形成了很强的凝聚力。

在给西藏进口货物的同时，宝元通开始代理西藏的出口业务。西藏有很多很多羊毛，由于交通不便，不能进入国际市场。"毛驴运输"开通后，马帮也通了。

西藏自治区政府出面采购羊毛，帮助牧民把羊毛换成现金。这样就有了羊毛出口。出口量越来越大，西藏的羊毛还转口到英国和欧洲。

印度政府此时对中国也很友好。1950年4月1日中国和印度建交后，开放了西藏和印度锡金段的乃堆拉山口边贸通道。日喀则地区的乃堆拉山口海拔4545米，距加尔各答不到600公里，距拉萨

---

① 采访柳立坚记录。

不到500公里。这里曾经是古代丝绸之路的一部分。

解放初期，由宝元通打开的新的边贸通道使两国间的边境贸易迅速发展，毛驴、骡子组成的商队络绎不绝。

西藏解放初期，宝元通公司为帮助西藏人民渡过难关做出了巨大贡献。

朝鲜战争爆发后，宝元通又承担起为国内采购物资的重担，抢购棉花、橡胶，出口煤炭等等（后面将记述）。

1952年，曾在华

左起：朱仲平、周允中、麦文澜

宝元通（印巴三处）1957—1958商业登记证书

润工作过的邱文敏被派到中国驻印度大使馆商务处工作，华夏公司总经理王兆勋也被派到印度使馆。这样，在宝元通和大使馆工作的华润老战友在印巴继续合作，为扩大边境贸易，为繁荣西藏经济，为打破西方对新中国的经济封锁，忘我工作。

在1952年10月的一份文件中我们看到这样一段话："印度、巴基斯坦之宝元通公司，受香港公司领导，并受当地大使馆的双重领导，办理西藏地方委托的进出口业务。""卡拉蚩宝元通过去两年来，在购买棉花、租船及目前的售煤等工作中，已经与棉

商、船商及政府建立了广泛的联系，去年年底我已派有能力的青年团员周允中前往。"从中不难看出当时宝元通的工作内容。

麦文澜在宝元通工作了三年，带领华润宝元通公司较好地完成了三大任务：支援西藏的和平解放并开展西藏的进出口贸易；支援抗美援朝战争；支援国内的社会主义建设。

柳立坚回忆说："在印度的生活很艰苦，天气太热，很不习惯。"

1953年，麦文澜调回外贸部，1961年再次到华润任职。

宝元通继续存在，据材料记载，到1957年，在乃堆拉山口经商的商人已超过700人次，运输用的骡子每天超过1000头。从西藏运往印度的商品主要是羊毛、皮革、牦牛尾巴等土特产，从印度运往西藏的商品主要是衣物、肥皂、手表、汽车零件等。

1959年，外贸部再次强调："印度、巴基斯坦宝元通分公司，由华润公司及中国大使馆双重领导，除我布置任务外，并办理西藏贸易任务。"①

退休后的柳立坚

叶先生（左，加尔各答侨领）、麦文澜于印度

① 华润公司档案馆（第一馆）。

在20世纪60年代初期，在印度开始反华排华的时候，宝元通代表华润，更代表祖国，为保护华侨和安排华侨回国做了很多工作。

许多华侨在宝元通的安排下，回到香港，华润公司帮助他们在香港开办小商店，代销国货谋生。此举使香港在一夜之间进入了国货销售的繁荣时期，一时间，国货商店鳞次栉比，国货商场外五星红旗高高飘扬。

在这里有必要作一个梳理：为了配合我军的解放战争，华润公司"贸易支前"的脚步随着解放区的扩大而不断延伸：

1947年建立大连站，开展东北——香港的贸易活动；

1949年建立天津办事处、北京办事处、上海办事处、广州励兴公司（后改为广州办事处）；

1950年为西藏解放而建立印巴三处。

这些办事处的一个共同任务是：贸易支前，为刚刚解放的东北、华北、华东、华南、西藏等地区运送生活和建设物资，帮助那里的人民尽快渡过战后难关，尽快建立新政权，尽快恢复生产。

解放后，国新公司和宝元通老朋友合影

宝元通人口登记表①

梁应钊	叶锐良	伍妙芳	杨志尧
周书元	杜彩桃	梁勤	古来文
陈火萌	周才	曾梅	李良卿
叶华凤	杨廉安（兼）	刘旺	徐立人（兼）
张显惠（兼）	刘春和	余朝宗	廖沛霞
易明哲	邓明哲	杨升业	杨俊生
罗洁如	王秀芳	黄坤	严运涛
邓永续	伍光国	林应槐	张楚音
杨玉娇	伍庄	廖秩兴	叶均强
宗凤蝉	叶慧仪	赵崇廉	叶锐辉
孟学思	段甲芝	麦文澜	柳立坚
杨璐良	江国恩	薛启培	周栩先

让我们记住这些名字吧，他们在异国他乡，为了西藏的和平解放，为了抗美援朝的胜利，为了冲封锁、反禁运，做出了巨大的贡献。

---

① 华润公司档案馆（第三馆）。由于人员调动频繁，此表不够准确。

第二十四章　国内交通站

1949年10月1日新中国成立以后，国民党一直叫嚣要反攻大陆。

以美国为代表的西方世界妄图把新政权扼杀在摇篮里，对中国采取了全面封锁。美国军舰和国民党的军舰停留在台湾海峡和我国东部沿海地区，他们的飞机也时常侵入我国的领空。

各种敌对势力派遣特务进入香港，因为香港是与大陆最近的自由港。

在香港，政治间谍活动猖獗，经济间谍也无处不在。

华润公司的贸易活动和日常经营受到严重挑战。

此外，香港奸商也用各种手段进行经济信息方面的活动，了解华润的采购动态。

那时候做生意主要靠电报，面谈生意很少（广交会开始后才改变）。香港的一家医药商曾截获华润的购药电文（截获方式不明）。

国内经常要求华润买药，购买量很大，这样的电报多用国际通用明码。收到电报后，华润业务员就出去采购，他们经常要货比三家，了解行情。每次，采购单上比较重要的药品，香港各家药店都没货，只有一家药店有，因此，这家店的价格就抬得非常高。由于急于抢购，再贵也得买。几次下来，华润人发现这里面有问题，就找其他药商询问："你们进过盘尼西林吗？"其他药商都说：就在你们来的前一天，某某药店把我们的货都买走了。

问题的原因很快就找到了，华润改变了电报密码，这种现象就消失了①。

还有一件事：香港一个商人冒用"华润公司"的名义，租了一条华润曾经租过的轮船，去东北运货。这个船长跟华润人去过大连，所以跟大连码头工作人员很熟，结果就办成了，运回香港1000吨大豆，还有大批中药材。到香港后，卖给了一家洋行。这家洋行与华润有业务联系，在谈其他事的时候，说起了这件事。华润公司马上派人去查。问题很快就查清了，我们把货品扣了下来（但是，还是把租船的运费付给他了）②。后来，这个人又在上海行骗，被上海公安局抓获。

这件事也暴露出我们工作上的马虎和不规范。此后上级主管部门制定出一些规定，通知各海关：没有华润公司的发货单和提货单，不准装卸货物。

这条规定一直沿用到20世纪70年代。

华润购买黑铁管也出了问题：

在香港宣布"禁运"前，在华润"抢购"的形势下，华润扩招了大批员工，由于数量剧增，进人不像以前那样严格挑选了，出现了鱼目混珠现象。这些人中，有的可能是私欲膨胀，有的也可能是有意混进来搞商业情报。有一次购买黑铁管，邱文敏在装运时发现，质量很差。邱文敏负责五金进口，了解行情，他随即开始调查，发现是一个姓吴的员工为了拿回扣，把次品当作正品买了回来，价格高出20%多。华润马上派人办理退货，后来拿回了差价退款近50万港币。

华润开除了这个员工，后据了解，这个人是香港某家公司派到华润来的内线。

这一连串事件在华润产生了很大震动，华润公司利用这些事教

① 采访刘桂明、朱仲平记录。
② 采访吕虞堂记录。

育大家。邱文敏在大会上讲话，要求大家在工作中要负责任，要珍惜每一分外汇，要提高警惕，严防敌人破坏[1]。

从以上一系列事件中，杨琳意识到问题的严重性，保密工作一定要加强。如果保密工作做不好，可能会造成巨大损失。

杨琳去了广州，找到省委书记叶剑英。杨琳提出：把华润的电台搬到国内来。叶剑英马上批准了这个要求，并派电讯部门负责人林青协助安装。林青在30年代也是香港八路军办事处的工作人员，与杨琳很熟。

广州解放前，为了配合解放广州和接收广州等工作，杨琳在广州开办了一家独立的"励兴公司"，余秉熹、李瑞文曾先后负责。李瑞文是叶剑英的老朋友。励兴公司承担了很多"统战"、"策反"等方面的联络工作。

励兴公司对外是一个小卖铺，卖咸鱼等海味品。

余秉熹

李瑞文祖籍广东梅县，1898年出生在印度尼西亚，1930年抱着实业救国的理想回到上海，创办工厂。抗日战争时期迁到香港，结识叶剑英，并受叶剑英委托，募集抗日物资。香港沦陷后撤到衡阳。1943年，钟可玉在延安生重病，曾南下在他家养病。1945年结识钟可玉的丈夫袁超俊。1948年元旦，在华润工作的袁超俊通知李瑞文速到香港，随后加入联和行，化名李纪扬。

李瑞文，1949年9月21于新加坡

---

[1] 邱文敏回忆录。另据采访刘桂明记录。

励兴公司还有一个使命，就是协助我军建立海军。上海、广东、海南等沿海省份解放后，为了进而解放台湾，我军要组建海军。华润遂成立了一个公司，对外叫"香港国兰船务公司"，刘双恩任总经理。这个公司专门采购轮船使用的仪器设备，还有登陆艇，买到以后就运到励兴公司。这项工作从1950年5月到1951年7月持续了一年多。

杨琳这次来广州，在励兴公司设了机要员。

不久，报务员李文山、杨铭也回到解放区，再不用半夜起来秘密发报，也不必躲躲藏藏了。

华润的机要员此时是徐立人，还留在香港。

退休后的谭沛

华润交通员有好几个：谭沛、陈亲爽、朱仲平、王汉根、邓强、苏少生、麦海，还有一位女士，小李①。

交通员每次都单独出发，有的送到广州，有的送到深圳，电报按照"密级"分开。从香港到深圳容易些，再转火车到广州，当时都有一趟慢车，半夜到达。交通员不停地往返于香港和广州、香港和深圳之间，送电报、文件、华润公司总结和报告，还有关于外汇牌价方面的商业信息、外国报纸。

送"报纸、信件"比较容易。

送"电报"最危险，他们把电报系在腰上，藏在裤腰带里面，万一遇到搜查，就把电报纸毁掉或吃掉。他们所携带的电报

① 由于是保密工作，加上经常轮换，名单不全。

还是"密码"，一般不易破译。当时，华润港管委机要处负责人是巢永森，张祥霖是机要秘书。张祥霖写一手好字，他把"电文"写在很小的专用纸上，易藏。

送"文件和报告"也比较危险。为了防止意外，他们每个人带的文件都是一半。从香港出发时，公司秘书部就把文件纸从中间竖着剪成两半，每个交通员带一半①。

那时新政权刚刚建立，国内得不到外国信息，包括很普通的外汇牌价和黄金价格，这些信息都靠华润提供。

励兴公司属于一个保密机构，只有省公安局了解内情，广州市地方公安部门不知道。那时人们的警惕性都很高，老百姓发现这个公司很神秘，报告了地方公安局。广州市的公安部门不久就了解到，这个公司经常有陌生人出现，而且大多是香港人。有一天，警察突然来公司检查，搜查了公司办公室的保密抽屉，发现了几封保密电文，看到电文他们马上意识到查错了。当广东省公安局长赶到时，这里已经围了很多人②。

这个交通站暴露了，此后励兴公司作为公开的公司继续运营③，华润把交通站搬到了深圳。

华润在深圳建立交通站，也是林青派人安装电台、电话等专线设备。

1950年10月，深圳交通站建成。

华润公司的机要员也从香港搬到了深圳，直到这个时候，华

---

① 2004年我们在北京查阅华润公司20世纪50年代的老档案时，发现有很多文件的纸张都是左右剪成两半，中间用胶条贴起，由于年代久远，胶条透过两片纸的缝隙与前面一页黏在一起，我们翻阅时不得不小心再小心。当时我觉得很奇怪，那么多卷宗都是胶条贴起来的，而且肯定是有人故意剪开的，为什么剪呢？在采访朱仲平时，才了解到其中的奥秘。

② 采访朱仲平记录。

③ 华润公司的"三反五反"学习在励兴公司进行，1952年底华润划归外贸部领导后，励兴公司成为华润驻广州办事处。

左起：李文山、沈立中、苏平、杨铭（沈立中是华东驻香港转运站站长）

润机要员和报务员才"见面"，此前他们互不相识。

报务员是李文山、杨铭，后又增加了刘冲、苏平。

机要员开始有两个：一个是徐立人[①]，另一个是刘振之。到深圳后华东局的田野并入，后来中央又派来了于引（沈远踪）、杨兰敏、王守江。陈建邦为技术员，负责维护和修理设备，他曾在台湾大学学习无线电专业，人好，技术也好，精通英语和日语。

田野（左）、徐立人

50年代初于深圳，周德明（后排中）与陈建邦夫妇（后排左一右一），前排：刘冲（左），苏平（右）

———————————

① 郭里怡调回中央办公厅机要处。

华润在深圳成立了"机要股"，田野任股长。

田野调回北京后，徐立人任股长。这时朝鲜战争已经爆发，为了加强机要工作，中央机要局又派王庆邦带领张耕平、邢秀琴、李小宝前来。

1950年10月，华润机要股的办公地点设在深圳雍睦路，这里是一片民居。老百姓常问："你们几个年轻人不干活，在这里呆着干什么呀？"为了安全起见，华润又把机要股搬到深圳军管会的院子里，这里也是沙深宝地委的办公处，祁峰在这里任地委书记。华润专门建了一座二层的木制小楼。

华润机要股在深圳一年，1951年秋，又搬到珠海（前山），搬家的原因还是为了安全，那段时间，香港很乱。从1950年起，香港爱国华侨的许多公司都在国庆节这天挂国旗，10月1日，五星红旗高高飘扬。可是，残留在香港的许多国民党军人，有几千人，在10月10日"双十节"纷纷挂出国民党旗。这些人企盼着蒋介石反攻大陆。

另一个原因，海关检查更加严格，携带重要文件不安全。

机要员经历过两次这样的风险：

由于机要员与报务员都在国内，这时交通员所携带的电报都是"文字"的了，所以任何人得到电文都能读懂。交通员老谭几乎每天都出入于香港和深圳，引起了海关注意，有一次，海关搜身，老谭把电报藏在手绢里了，他假装拿手绢擦嘴，将电报吃掉了。

还有一次，有个机要员带着一份急电半夜过深圳海关，引起我国边防军的注意，两个解放军战士把他扣住，要搜查。这个机要员说："你们不能搜查我，请把我交给深圳军管会。"深圳边检部队把他带到军管会，华润交通站就在这里，才知是一场误会①。这次送来的文件是关于"吴石"等被捕事宜，紧

---

① 采访王庆邦、徐立人、张耕平、刘冲记录。我们了解到：小谭是谭沛，大谭叫什么还不知道。

急，而且极端重要，必须马上报告中央。

深圳交通站难以工作，杨琳和李应吉决定：把交通站搬到珠海的前山，安排在我边防公安局的院子里。1951年10月前后，交通站搬家。澳门左派力量大些，另外，从澳门到前山，很近。

前山时期的机要员有：徐立人、刘振之、杨兰敏、于引、王守江、王庆邦、张耕平、邢秀琴、李小宝。

前山时期的报务员有：李文山、陈建邦、刘冲、苏平、杨铭、陈永箴。陈建邦负责。

后排左起：刘冲、邢秀琴、苏平，前排左起：于引、张耕平、王庆邦、王守江

张耕平（右）、邢秀琴

交通员时常更换。我们在采访中见到了徐立人、于引、王守江、王庆邦、张耕平、李文山、刘冲等[1]。老人们回忆说：交通员好像有两个姓谭的，叫大谭、小谭，还有邓强。

他们说不出交通员的名字。这不能怪他们，这是保密工作留下的规矩：不该问的不问，不该知道的不能知道。

在前山的时期，正是抗美援朝时期。电报的内容主要是采购货物的清单，到哪个港口、到港时

① 这些老人1952年分别后，几十年不见，2006年4月在北京华润大厦重逢，79岁的王庆邦等称72岁的沈远踪为"小沈"，当时的场面令人激动不已。

间等等，还有一些商情信息。

1952年秋季，在华润公司由中央办公厅划归外贸部之前，华润在深圳再次设立办事处，对外称"南洋贸易公司"，办公地点紧靠罗湖海关（1952年成立外贸部时，中国海关也隶属于外贸部，与华润公司算一家人）。杨琳兼任总经理，科长白凤德。南洋贸易公司员工当年增加到120人[1]。

深圳办事处地处内地，华润在这里开设了一部专线电话，一些贸易问题可在深圳请示外贸部。

深圳办事处挂牌后，华润与国内的信件来往，包括华润员工与家属之间的信件，也全部走深圳。

这样做，既安全，又节省外汇。

至此，建立于1947年的华润电台，经过五年多的风雨历程，完成了他的历史使命，于1952年10月撤销。

此时还是抗美援朝时期，香港东部、北部的海域已经被美蒋封锁，此后一段时间里，我国的贸易中转地转到波兰和东德。

1952年10月华润电台撤销后，保留了内部机要员，刘鸿恩接替机要工作，他是外贸部派来的，办公地点设在广州，用广东省的电台发报。

在华润公司工作过的机要员、报务员，这些同志从小参加革命，都有一段传奇经历，我们在这里简要记录一些他们的故事。

徐立人原名纪兴平，1927年出生，1944年进入重庆办事处《新华日报》社，1947年3月随办事处乘坐美

华润机要员徐立人

---

[1] 华润集团档案馆（第一馆）。

国飞机撤回延安。三天后随中央城工部撤到山西，开始学习机要译电。1948年初在童小鹏带领下，到河北西柏坡附近的李家庄工作，1949年3月随中央机关开进北平。

1949年夏季，徐立人和刘昂一起，从北京到大连，而后扮作押运员，乘坐华润公司运大豆的货船"多姆斯基"抵达香港。他随身携带了几包密码，还有一份刘少奇在天津的讲话稿。经过九天晕船呕吐，抵达香港。杨琳和李应吉亲自到船上迎接，巢永森陪他到移民局办理登记手续。在华润的天隆行住了半个月后，他又回国短暂逗留一次，在广州住在励兴公司。再次入港他以李应吉"内弟"的身份住进李应吉的家，李应吉的夫人叫徐景秋，他改名为徐立人（这个名字伴随他一生，他的孩子都姓徐）。

徐立人回忆说：那时重要的电报内容包括：一是招商局起义、两航起义；二是华润"永灏轮"被港英政府紧急征用，请示应对措施，汇报事件进展；三是为海军购买登陆艇。其他电文主要是进出口贸易的事情。

在徐立人任机要股股长期间，代天津进出口分公司管理机要工作，天津的机要员叫田有德，山西人，很年轻，未婚。有一天下午，天气很热，大家干完工作后，去河里洗澡。小河不深，以前常去，没想到那天有暗流，小田一下去就被冲走了。几小时后在很远的地方才找到，已经死去。徐立人回忆起这件事仍然很痛心，他要求我们记下这件事情，为的是安慰田有德的家人，他说："那时候条件艰苦，田有德的上级领导和家人都没来，是我们为他安排了后事，我们没见过他的父母，如果他父母或家人还活着，知道我们还在怀念他，总可以感到一点点安慰。"

徐立人1951年11月调回中央机要局。

刘振之也是从中央机要局调来的。后来，他和杨兰敏结为夫妇，回国后在重庆歌乐山通讯兵学院任教。

王庆邦1927年生，1941年14岁时参加革命，1945年夏季调到中央机要处。1947年3月18日晚，他随着毛泽东和中央机关撤出延安，就在他们离开延安后几小时，胡宗南的部队就进了延安。他和机要处的部分战士留在"前委"，跟随在毛泽东身边，随时翻译毛泽东的电文，毛主席靠电报指挥全国的解放战争。

王庆邦回忆说："行军时，毛主席、周恩来、任弼时走在前面，几个参谋跟在身边，后面就是机要科，再后面是炊事班。警卫部队在前面后面都有，看不见；报务员也看不见。这么近地跟在主席身边，我们感到很幸福，从来不觉得会随时发生危险。有一次，我们藏在山腰，敌人走在山沟，看得很清楚，主席不怕，我们也不怕。经过青化砭战役和蟠龙战役几个战役，主席就宣布：我军已经粉碎了国民党的重点进攻。这个电报就是我们翻译发出的，前线胜利的电报也是我们最先知道，当时别提多高兴了。那时，物质条件很苦，可是，我们的精神生活很丰富，我们唱歌、跳舞、下棋，边打边走，到山西后，毛主席纠正了当地斗地主时出现的极'左'倾向；我们陪着毛主席到五台山抽签，任弼时给我们讲佛经。1948年春就到了西柏坡；1949年春进北平。1950年，中央机要处派我到港管委，接替徐立人。"

那时王庆邦刚刚结婚，他带着身为海军机要战士的妻子张耕平马上动身，离开北平南下深圳，那时的深圳还是个小村子。

王庆邦回忆说："我们那时的电报主要包括：1、采购抗美援朝所需物资；2、在废墟上建设新中国所需物资；3、对爱国华侨的统战工作；4、准外交工作。译电密码半年一换，刚背熟又换了，很大一部分精力是背密码，我们十几个人像一个人一样，有牺牲精神，保密意识极强。"

王庆邦和张耕平在1952年底调回中央机要局。

刘冲1931年出生，1945年在江苏南通参加革命。1946年到华东军区司令部电讯队。1947年随军到山东，在陈毅身边。刘冲

1950年刘冲摄于香港，时年19岁

刘冲在深圳电台发报，墙上挂有一支手枪

回忆说："部队电报多数是'即刻到'，很紧张。我参加过淮海战役。在山东常跟上海的汪道涵通报，我们的电台一直跟到解放上海。上海解放后，1949年10月，华东财委派我和苏平到香港机构，后来就成华润人了。"

苏平（后）、李文山

刘冲和苏平（苏贻逊）到香港后，张敏思带着他们到深圳，与陈建邦和陈永箴会合，刘冲随身带来了波长和呼号，与上海取得了联系。开始，电台在深圳保田路，深圳没电，自备汽油发电机，每天晚上起动发电机，发报完毕就关闭发电机，四周一片漆黑。

1952年华润电台撤销后，陈建邦和妻子陈永箴回北京，调入外贸部。

李文山、刘冲、苏平三人都进入海军。苏平在东海舰队海军航空部队工作。

于引原名沈远踪，1934年出生，1948年底参加工人协会，上海解放后进入华东财委集训队，学习译电，1950年7月经广州到深圳。老董和沈立中带他过罗湖海关，过关时传来空袭警报，国民党飞机飞过，大家都躲避，好在没轰炸。到香港后，接受刘若明、张敏思、田野领导。当时只有16岁，记性极好。机要员不能随便出门活动，不能去公司，所以，经常站在楼上看香港的街道。

1950年于引摄于深圳，时年16岁

于引说：华东局的公司与华润合并后，搬到深圳，生活上自由多了。机要员和报务员两地相隔10分钟路程，骑自行车送信，还可以骑车上街。但是，形势还很复杂，特务时常搞破坏，附近电影院不时爆炸，为此，公司给他们配备了两支手枪。

1952年于引调回外贸部。在外贸部，很长一段时间他在杨琳身边工作，那时杨琳任计划局长，他还随杨琳出使印尼。

王守江1930年出生，河北人，从小当儿童团长，解放石家庄时，演《白毛女》，刷标语。1948年入党，进入中央机要局。开国大典时站在金水桥边。不久被派到香港华润。先到华润北京办事处找刘恕拿密码，到广州后，住在励兴公司，把密码交给负责人。王守江记得，在深圳，余秉熹常给他们讲故事，还给他们发水果。供给制零用钱不多，1951年夏天，华润给大家增加一块钱①，买荔枝。那时深圳卖洋货多，国产货少，大家都买不起东西。

王守江回忆说：搬到珠海后，柯平（柯正平）常来机要股，还亲自送过信。

王守江从华润调回中央机要局后不久，去了朝鲜前线，在和谈代表团机要局工作。1954年起任叶剑英办公室机要秘书。

我们的采访收获极大，我们感到，每位老人都是一部活的历史，华润的历史正是由这些人共同创造的。他们为了崇高的理想，奉献过，牺牲过，无怨无悔。

1952年秋华润在深圳建立办事处。与1950年以前的机要工作相比，条件发生了巨大变化。

在写这章的过程中，我的脑子里一直存在着这样一个问题：华润机要股多达十五六人，多是现役军人，而且多来自中央机要处，他们政治上可靠，业务上一流。华润仅仅是做贸易，似乎用不着这样一支精干的机要队伍，那么他们为什么来到华润？

随着采访的深入，这个谜逐渐解开了。

1949年4月，南京解放以后，毛主席撰写了著名的诗篇《人民解放军占领南京》：

> 钟山风雨起苍黄，百万雄师过大江。
>
> 虎踞龙盘今胜昔，天翻地覆慨而慷。
>
> 宜将胜勇追穷寇，不可沽名学霸王。
>
> 天若有情天亦老，人间正道是沧桑。

香港靠近台湾，更重要的是，华润有一支"海上游击队"——

---

① 实际增加一万元，那时"一万元"就是一元钱，1955年货币改革。

2006年重逢于成都。左起：徐立人、王庆邦、张耕平、郭里怡、刘冲

华夏公司。

那时的华夏已经有十几艘远洋轮船，其中一半是万吨巨轮。加上1950年1月起义的香港招商局的十余艘轮船，这支海上力量不算小。中国人民解放军虽然还没有海军，但是，华夏这支海上游击队是一支"忠诚的队伍"。

在采访中，华夏老船员都回忆起这样一个情节：在1950年初，华润党支部曾组织党员海员宣誓：时刻准备着，愿为打倒蒋介石、解放全中国献出生命。

此时，地处香港的国民党两大航空公司也已经起义，加上我军东北航空学校培养的空军，就解放台湾来说，我军的制空力量不算薄弱。而国民党则是兵败如山倒的局势。

那时，我党一直在部署解放台湾的工作。

为什么没有实施呢？原因可能很多，但有两条是明显的：其一，1950年1月29日，国民党在台湾秘密逮捕了我党设在台湾的"省工委"书记蔡乾(蔡孝乾)，他被捕一周后叛变，造成400多名台湾的地下党员陆续被捕。这个损失是惨重的。其二，1950年6月25日，朝鲜内战爆发。27日，美国总统杜鲁门宣布：美国将武装援助南朝鲜；并决定以武力阻止中国解放台湾。随即，美国派出第七舰队开进台湾海峡。

这些机要员肩负着使命来到华润，在此后的日子里，他们还是发挥了应有的作用，在冲封锁反禁运的斗争中，他们夜以继日，保证了华润与国内的联系，保证了华润与华夏货船的海上联系。

相关链接：

下面这份电报是华润公司通过外贸部转发全国各省、市、自治区外贸局的联系地址。

今后如有致我司之函电请参考下列办法寄发：

一、致香港之信函：

1、香港穗辅道中中国银行大厦十二楼香港华润公司

2、香港文咸西街38号德信行

二、内地信函：

1、广东深圳大站、南洋贸易公司深圳联络站

2、广州市太平南路25号中国进出口公司广州分公司代理科

香港华润公司广州办事处

1954年10月20日

第二十五章　同人公约

随着华润公司业务的不断扩大，人员也越来越多。此前进入华润的工作人员大多是共产党员，他们都经受过革命的考验，他们所要遵循的原则就是《党章》；公司员工增多后，很多党外人士进入华润，包括一些没读过几年书的青年人。一些人进华润只是为了找一份工作，并不知道这家公司与其他公司之间有什么区别。华润前辈认识到，除了要遵守党章以外，作为企业，还需要制定一份员工守则。

"香港企业"在并入华润之前，曾经在《大公报》上公开招聘，报名的人数超过300。当时许多青年应聘主要是为了找工作，不一定想到"奉献"和远大的革命理想。

面试的考题中有这样两道题：1、人是怎样进化来的？2、世界上有哪几个国家是社会主义国家？①

考生中没几个人知道。

公司要发展壮大，为了加强对员工的教育，杨琳与公司领导商量，要制定公司纪律。他们集思广益，制定出"同人公约"②：

这是我们从陈渭仪提供的老相册中发现的公约全文，那是1951年1月，公司召开大会，全体员工学习"同人公约"，会后全体合影作为纪念。陈渭仪把自己当时代表大家发言的照片贴在相册中央，并亲笔抄写了"同人公约"的全文。从这个细节中我们

① 采访刘桂明记录。
② 采访陈渭仪记录。"同人公约"由陈渭仪提供。

"同人公约" 照片提供：陈渭仪

陈渭仪在"同人公约"签约仪式上发言

可以想象：这些香港的年轻人对这件事的重视程度何等之高，当年他还不满18岁。

老相册保存了56年，陈渭仪在华润工作了一辈子，长达48年。

1、养成爱国家、爱人民、爱劳动、爱科学、爱护公共财产的观点。

2、服从领导，积极建议，关心公司利益，克服雇佣观点。

3、工作主动，细致准确，及时完成任务，不本位，不主观，多检查，多总结。

4、严守公司秘密，不做小广播，不做包打听，互相督促，发现错误，根据事实，及时报告。

5、遵守服务纪律，不迟到，不早退，不随便请假，工作时态度严肃。

6、坚决反对贪污舞弊，不私受佣金和礼物。

7、提高理论与业务水平，保证每周读书六小时，关心时事，每日阅读进步报纸。

8、学习讨论要认真，要准时，有准备，踊跃发言，不骄傲自满。

9、团结同仁，互助互爱，勇于批评和自我批评，反对挑拨、猜忌及小宗派作风。

10、生活严肃、朴素、健康、乐观，不做无谓应酬，杜绝损友，尽量采用国货。

11、积极参与并推动福利工作，提倡正当娱乐，不看落后及黄色的书报及影剧。

12、每周检查自己对公约执行情况，并记下检查结果。

"同人公约"的第一条就强调"爱国家、爱人民"，这就把华润公司与香港的私人公司区分开来了。

第二条和第三条强调克服雇佣观念，树立主人翁精神，这也是华润企业文化的根本所在。

第四条和第六条讲的是对外纪律，在工作中严守机密，不能为了个人私利而损害公司利益。

第七条和第八条鼓励员工利用业余时间学习。

第九条讲的是团结友爱，不搞小团体。

第十条强调"杜绝损友"，鼓励大家进步。在这里还强调了使用"国货"，这与上面强调的爱国有联系。

第十一条强调"正当娱乐"，不接触黄色的书刊和电影。

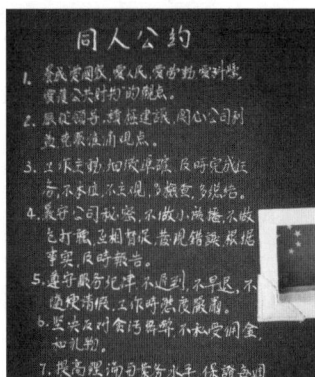

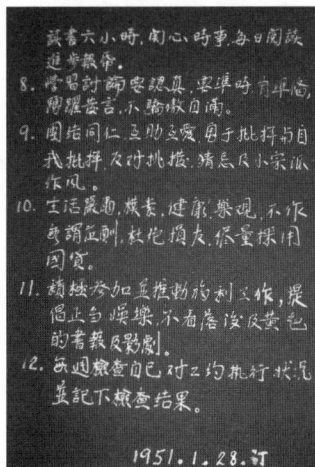

"同人公约"板报

1951年1月28日，华润公司部分员工在国旗下举行了"同人公约"
签约仪式 照片提供：李威林

　　从条约中可以看出，华润把国家的利益放在了首位，鼓励大家从各个方面培养良好习惯，做全面发展的人，尤其强调了学习。那个时候，普通员工的文化水平都很低，许多人连小学都没毕业。

　　华润派老党员当老师，给大家上课，讲文化课，也讲哲学课，还要求大家写笔记，青年员工进步很快。许多家长看到自己的孩子到华润后爱学习了，都很高兴，他们说：把孩子交给华润就放心了，孩子们在华润不会学坏①。

　　许多人记得张云啸，他很有水平，也厉害，对年轻人要求很严格，大家背地里叫他"政委"，像个军人。他常给大家讲课，讲形势、政治，还提问。

　　还有华润副总经理浦亮畴，他常说："你不只是一个商人，你代表的是国家。"他教大家很多东西，包括如何吃西餐，如何使用刀叉，如何穿西服，如何刮胡子，要求大家保持头发清洁。

----

① 采访刘桂明、何忠祺等记录。

他还讲如何接人待物，什么叫礼貌。

华润对员工的着装一直很关注，周一到周五，男士穿西装，女士穿旗袍，周六才可以穿运动装。

华润公司还建立了"师傅带徒弟"的用人制度，安排老员工带新员工。刘桂明回忆说："我在秘书部工作时，林如云是我师傅；我到业务部后，邱文敏是我师傅。邱文敏对五金类商品特别熟悉，一看就知道质量好坏，我学到很多。"

华润还建立起送员工回内地学校进修的制度，不断选派优秀员工进大学或中专深造，作为一项奖励措施。陈渭仪、吕增训等都曾到广州进修过。

华润还经常组织香港员工回内地参观，参观烈士陵园，也参观工厂、矿山和新农村，让大家了解社会主义新中国的发展步伐。通过参观开阔大家的眼界，也使香港同胞对大陆产生了感情，从而进一步理解了"爱国"的含义。

各种活动也增进了同志间的友谊，华润像一个大家庭，温暖着每一个员工。他们大多住在公司的宿舍里，吃在公司的食堂

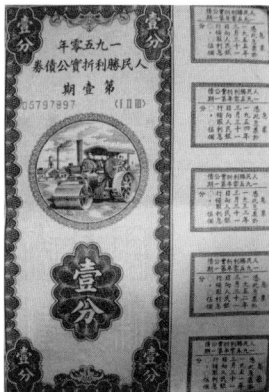

这是新中国于1950年发行的第一批国债券，当时华润员工踊跃购买　照片提供：何忠祺

50年代华润部分同事去广州旅行　照片提供：周德明

1951年1月部分华润员工合影 照片提供：陈渭仪

里，工作时间很忙，业余时间很充实，文艺体育活动很丰富。

"同人公约" 12条是我们迄今为止所发现的第一份华润公司员工守则，于1951年1月颁布施行。从这份公约中我们能够看到当时的时代背景，也能看出华润文化逐步形成并不断丰富的发展脉络。

陈渭仪回忆说："我们的归属感就是在这个时候培养起来的，有了这种归属感，我才能在华润做了48年，不想跳槽。"

第二十六章　反禁运——抢购、抢运

1950年6月25日，朝鲜内战爆发。27日，美国总统杜鲁门宣布：美国将武装援助南朝鲜，并以武力阻止中国解放台湾。随即，美国派出第七舰队开进台湾海峡。

第七舰队途经香港时，停泊在维多利亚湾数日，华润公司所属的几家公司就在海边的告士打道，那时还没有填海建筑，看得很清楚。

杨琳等华润领导预见到问题的严重性，8月，杨琳再次回北京向中央汇报情况，在中央指导下，制订了一份新的进出口计划。在杨琳还没回到香港之前，一份电报已经传到香港。

北京刘恕转港管委：

（一）对日贸易决定由你处掌握。

（二）对私商贸易亦由你处掌握。

（三）前已订购之货，务须尽一切力量按照原定时间完成任务：

1、尽可能争取从购买国家直接运至国内口岸交货，避免在香港交货。

2、国内交货口岸在青岛、天津、大连任何一处均可。

3、因变更交货口岸而须增加之一切费用，均归我负担。

（四）请抓紧时机，购入碳焦与□袋（文件字迹不清）。

（五）出口期货停止售出，新的出进口计划由杨琳回港
传达。

王　张　杨

8月31日

1950年12月2日，美国政府下令：凡出口中国、香港、澳门
的许可证一律作废，已经起运的要一律停泊于美国岛屿接受检
查；存在美国银行的存款和货款一律冻结。这就是美国对新中国
采取的"禁运"，禁运物品的清单很长很长。不仅如此，美国还
无视国际贸易的规则，对民用物资也实行了禁运，并从禁运演变
为公开的扣人、扣货。

美国宣布"禁运"的初期，英国政府没有跟随，港英政府也
没有跟随，但是，华润人已经估计到：美国一定会迫使西方国家
跟随他们，对中国实行全面禁运。

在朝鲜战争爆发后，在英国还没有宣布禁运之前，华润人
在香港、东南亚和英国等地展开了一场与时间赛跑的"抢购"、
"抢运"热潮，他们要尽量多地采购一些进口物资。百废待兴的
祖国一穷二白，需要大量生产资料、生活资料，还有战略物资。

韦志超回忆："刚禁运的时候，我们就制订了一个抢购计
划，目的就是要把华润公司的外汇存款全部花掉。"

华润派出几个采购小组，在香港买新闻纸、自行车、香烟
纸、手表、药品；香港市场上可用的商品几乎都被华润买光了。

他们还派人去东南亚国家，买橡胶、轮胎、化工原料；把东
南亚市场上的此类现货也几乎买光了。

韦志超每天晚上都召集大家汇报，检查采购计划落实情况，
每天他都会问一个同样的问题："钱花完了没有？"进程处主任
（对内称计划科科长）刘朝缙、副主任杨文炎等天天忙着制订采
购计划。进程处还有单墨芬、许莹、田宜南、陈心銮、吴品芳、

李智等人[①]。

抗美援朝中，华润公司为志愿军购买了大量军鞋。

韦志超回忆说："香港太小，买5万双鞋子，市场上就没了，我们请厂商专门加工，我告诉他们，鞋帮的皮子要加高一寸，胶鞋最好能当雨鞋用。这种军用胶鞋的款式是华润创造的。"

抗美援朝初期，华润公司为前线指挥员采购了几万只军用手表，志愿军排长以上军官都配备了手表。有了表，才能保证在战场上统一指挥，统一行动。那时的表都是机械表，要上弦，华润负责买表的同事对每一块表都要上弦，然后看表准不准，上弦验表，许多人的手指都磨破了。

当时采购的最大宗物资是药品。

郑炽南回忆说："抗美援朝时期，抢购物资好辛苦，买药棉、盘尼西林、消炎药粉，铜锣湾一条街道的老板都做西药，因此都发达了。我们严格验收，支援前线志愿军，一瓶药

退休后的韦志超

郑炽南手迹

---

① 本章记录的名单可能不够准确，当时华润人调回国内或派出国外很频繁，档案反映不够全面，加上许多人用化名，给采访带来许多困难。

就是一条命。"

徐鹏飞回忆说："抗美援朝时期主要买抗生素，差不多全世界的大药厂都买遍了，我在英国，还有人在欧洲，加上广大华行过去就是买药的，全部送到朝鲜战场上去了。"

华润还为国内和前线采购了大量石油。

郑炽南回忆说："港英政府对交通艇的用油是管制的，每天发一次。华夏有一条小船叫'海燕'，我每天早上第一个去海事处排队领油，怕去晚了就没了。为了收石油，华润内勤外勤人员密切配合，装成老百姓。由于特务很多，一些商人白天不敢卖给我们，我们就晚上买，香港的群众为我们放哨。比如亚细亚公司，一次不敢多卖就分开卖，有时卖散装，有时卖桶装的。积少成多，运回国不少。"

一桶油53加仑，挺重的。为了确保不泄漏和运输安全，经得起风浪的颠簸，华润人要一桶一桶地检查，负责这项工作的人都成了熟手，都能让油桶在手下团团转，一边看漏不漏，一边看分量够不够。他们还真发现过问题，有一次，一个员工觉得不对劲儿，打开油桶检查，发现桶里装的是细沙。他们马上找商家退货。

奸商看华润员工认真负责，以后就老实多了。

1951年1月，华润公司把徐鹏飞派到英国，让他在英国一边采购，一边注册公司，准备长久地住下来，以英国公司的身份采购物资①。他英文很好，有丰富的外贸经验。

1951年2月，华润公司又把张云啸派到瑞士，以香港商人身份采购物资②。

进口部20余人，其中包括：徐鹏飞、董继舒、杨升业、吴

---

① 采访徐鹏飞记录，50年代他曾任华润公司进口部经理。
② 张云啸1951年底回国，1952年4月出任我国驻瑞士大使馆商务专员。

欣之、韦志超、林如云、汪乾惠、方正、梅英俊、马景洪、董恒涛、赵光禹、凌香图等。

在"抢购"的同时，储运部和华夏公司开始了"抢运"，运回国内。

白天买到的物资，连夜装火车，运回深圳；装船，运到广州等地。

华润老员工何忠祺回忆说："当时我们都很小，不到20岁。为了抢运，我们不分昼夜，没有节假日。当时我在储运部，每天收货、提货，晚上安排装船、装火车。装船经常到后半夜，为的是天亮以后就可以报关、检验、启航。大家基本上都是一个星期不回家。"

进口部同人

退休后的何忠祺

华润老员工李威林也回忆道："抢运的时候，常常一个星期不回家，但是，父母很放心，家人都知道我们是在干正事，不是在外边瞎混。那时有个杨升业，在印度抢购棉花，他经常给我们讲什么叫棉绒，怎么识别棉花的质量。华润租外国的船从国外运货回来，我们就到船上去验货，收货。然后卸船，用舶艇、趸船、拖轮把货运到我们的船上。"

华润公司部分员工 照片提供：李威林

秘书处合影 照片提供：陈渭仪

报关单是英文的，那时，华润的秘书处多达30余人，负责人是巢永森，每天大家用英文打字机打字，常常打到天亮，政府海关一上班就去报关。秘书处员工还有：李纪扬、张祥霖、郑文钦、吴海琴、叶应麟、陈庆沧、王春生、陈涵、吕增训、李然、谢惠卿、冯海、郭传兴等。

负责办理货运保险的是俞履基等。

香港到深圳的火车已经开通了，为了防止国民党残余部队破坏，沈立中曾带领一个排的解放军战士负责火车押运，一面把广州的出口物资运出来，一面把华润采购的物资运回去。一列火车十几个车厢，全装得满满的[①]。

当时棉花是最大的进口物资之一，基本上是一船接一船从印度、巴基斯坦运回香港，再运回国内。

在印度和巴基斯坦，华润所属的"印巴三处"此时除援助西藏以外，增加了新的任务：

首先是采购棉花，印度和巴基斯坦的棉花棉绒很长，织出来的布质量好而且耐用。我国自产棉花棉绒短，而且不能自给自

---

① 采访朱仲平记录，朱曾任华润交通员；沈立中曾任德信行储运部经理。

足。新中国诞生初期，为了解决6亿人民的穿衣问题，进口棉花是华润所担负的一项重要任务。

其次是售煤。把我国的煤炭运到那里出售。

1951年，华润从巴基斯坦购买棉花七万吨，并向巴基斯坦售煤四万六千吨[1]。

第三是安排航运，包括租船。这项工作主要在卡拉奇进行。进口、出口任务都很重，一则华润自己的船不够用，二则许多货物不能用同一条船往返运输。比如，华夏公司运煤的船从秦皇岛运煤到卡拉奇，回程时，这条船太脏，不能运棉花，轮船又不能空船回来，就要等其他物资，很费时。因此，宝元通要合理安排，要"拼缝"，急需时也"程租"一些外国轮船。

第四是采购橡胶。我国进口橡胶不仅是为了本国使用，同时还是为了苏联和东欧社会主义国家的需要。

抢运时，曾有意外发生。

华润机要员徐立人等回忆说：沈立中长期住在深圳火车站。解放初期，国民党的飞机经常在沿海地区轰炸，有一次炸中了深圳火车站。华润运回的货物大堆大堆地存放在火车站的站台上，还没来得及运到仓库里，被炸起火，沈立中带人灭火抢救物资，好在没有人员伤亡。

有一次，一条外国的新货轮运回一船棉花，卸货时发现一包棉花着火了，报了火警，还好，棉花燃不起来，轮船没事儿。郑炽南提起这件事还感到后怕，他说：香港董浩云的一条船，也报火警，眼看着整条船沉下海去，附近所有的轮船鸣笛，表示哀悼。领导教育我们，一定要防火。

那时华润自己有10条船，招商局起义的船有几条，此外，华润副总经理浦亮畴还租了20多条船，大多是"期租"，租期在一

---

[1] 华润集团档案馆（第一馆）。

年左右。这些船也忙着往返运输。

华润公司和华夏公司在运送民主人士的过程中，都已经暴露了自己的大陆身份。为了安全，在"抢运"的过程中，华夏组建了许多小公司，比如：华达运输公司、信丰货舱公司、华安货舱公司、伊息凡船务公司等等。这些小公司多是因任务而设，任务完成就随之结束了。这正是杨琳同志主张的"把鸡蛋放在不同的篮子里"这一经营理念的一贯体现。

这类公司很多，只有总经理、分管该业务的副总经理、执行任务的当事人知道，所以，这些老前辈去世后，把这些秘密也带走了，以至于我们今天无法记录他们的贡献。

华夏老前辈郑炽南回忆道："我在华夏下面的华达运输公司工作过，当时的工作主要是运化肥，从比利时和英国进口，还有染料、药品。王国昌是我的经理。在香港西营盘有个天隆行，专门存放轮船用的仪器、零件，我在天隆行也工作过。"

还有兴隆行。小公司很多，我们很难统计清楚。

华润的轮船Orbital此时跑日本，出口农副产品和铁矿砂，购买工业原料。那时我国与日本民间贸易比较活跃。华润公司派高平叔前往日本，长驻东京，主持出售大豆、盐、铁矿砂，以换回钢材及电工器材等商品①。1950年下半年，航次很密，差不多是半个月往返一次。

刘辛南②完成了秦皇岛—上海的运煤任务后，于1950年秋调到Orbital上任大副。他回忆说："那时采购了很多日本的工业产品。"

---

① 高平叔：《创办国际经济研究所的回忆》。

② 在刘辛南上Orbital之前，曾带领十几人去广州湾（湛江港）勘测，确认湛江港可以开发成大型港口。这个开发建议是刘双恩在北京提出的：湛江港位于南方，华润轮船到那里装卸货物可避开台湾海峡美蒋军舰的威胁。广州湾成为新中国第一个可以自由出入的国际港口，在解放初期发挥了巨大作用。

1950年9月，Orbital 从天津运送动物骨灰到日本，骨灰是种水稻插秧用的。在日本鹿儿岛卸货，到八番装钢材。白立新回忆说："9月14日晚上，我们开到了南朝鲜附近，只见海面上百余艘军舰黑压压一

退休后的刘辛南

片，一下子把我们的船围住了。我们这艘2000多吨的货船显得那么渺小。后来才知道，这正是美军在仁川登陆的前夜。两条南朝鲜的轮船靠过来，一个军人要检查运货单，船长林盛、大副刘辛南走过去，拿出货单，报关单上有海关印章，还有麦克·阿瑟的印章。他们就放行了。"华夏船员驾驶着轮船在夜色中全速前进，驶出军舰停泊的海域后，马上报告香港的杨琳，杨琳立即回电："开到大连去。"

杨琳向中央汇报了我轮船与美国军舰在朝鲜附近相遇的情况。

林盛和船员抵达大连后，又接到杨琳电报："船上留下大副、二副、三副和部分水手，省出的人手在大连待命。"

船上十几个人留在了大连，第二天坐火车去北京，他们被接到中央组织部，住下。"朱德办公室"负责接待。他们向首长汇报了海上情况，之后，组织部安排他们看戏，两天后乘火车经广州回香港。

美国发现中国和日本之间有民间的贸易往来，便出来阻拦。1950年12月10日《大公报》报道：

麦克·阿瑟限制日货输中国，日钢铁生产将停顿；中国产的煤、

铁、油脂等生产物资，日本今后无法直接向中国购得。

回到香港，白立新奉命去日本接船，华夏的万吨轮"梦获莎"在横滨附近与美国军舰相撞，他们去处理。轮船修好后开到天津，然后，在天津装了一船带皮的花生，满载，开往德国的汉堡。这是中国的花生第一次通过华润出口欧洲。船长是外国人，叫Hooper，大副是陈嘉禧，二副是许新芳，三副是白平民，白立新和陈双土是船员。

梦获莎从天津出发，经过台湾东部海域驶往新加坡——马六甲海峡——阿拉伯海到红海——苏伊士运河到地中海——经直布罗陀海峡到大西洋——北上过英吉利海峡到北海。

这是穿越东半球的航行，全程航行60天左右。梦获莎是一条烧煤的老船，途中在亚丁港加煤（也门南端）。

梦获莎到达汉堡的第三天，得到信息：美国开始限制所有挂巴拿马国旗的轮船，巴拿马轮船不许开到苏联、中国等社会主义国家。梦获莎挂的就是巴拿马国旗。

华夏的刘松志此时在波兰筹建中波公司，他打电话给陈嘉禧，用闽南话说："你们马上来波兰，给轮船重新注册，换成波

1951年10月梦获莎抵达波兰后合影，左起：葛昌武、杨元通、李嘉寅(二副)、白开新（三副）

1952年华润公司储运部员工合影　照片提供：李威林

兰国籍。"

梦获莎从汉堡开到波兰，注册、维修等用了三个月时间，而后满载着钢材返航，到上海卸货。

那时，海上冲封锁危险四伏，香港的形势也很紧张。华润领导教育大家，夜晚回公司宿舍时，一定要两人以上同行，夜深人静，特务四处横行，万一被他们抓住，扔进海里，造成一个淹死的假象，那是很难打官司的。在某码头，一个女工拿着小说《钢铁是怎样炼成的》过海，就被警察局抓走了[①]。储运部近30人，主任翁觉深，其他人员包括：何忠祺、徐瑶良、温明、钟剑辉、吴颖、范德一、林应槐、朱长林、倪维良等，大家团结得像一个人一样，工作上互相配合，生活上互相关心，在安全问题上还互相保护。

郑炽南也经历过一次有惊无险的事情。张祥霖通知郑炽南到他的宿舍里取一只皮箱，送到天隆行，路上要保证皮箱安全。"晚上，我拿到皮箱出了门。街道很静，没什么人，我刚骑上自

退休后的郑炽南

---

① 采访韦志超记录。

行车，警察就过来了，问我提包里装的是什么，我吓了一跳，停下来答话，趁他不小心，骑上车子就跑，正好是下坡，拐了几个弯，把警察甩掉了。"

抢购、抢运工作持续了半年多，大家都十分辛苦，董事长杨琳、总经理李应吉、副总经理（当时称为"协理"）浦亮畴等公司领导决定给大家发一点加班费，可是，大家都表示"不要"。抗美援朝战争已经打响，广播和报纸每天都在报道英雄事迹，每天都在宣传捐款捐物支援前线的新闻，华润人也提出"捐献工资"，并提出"三年不要加薪"的口号，华润人要节省每一分外汇，支援抗美援朝，支援国家的工业化建设。

华润人，包括领导和香港籍的普通员工，真的三年没加薪。

1951年，我国以20万吨大米与印度进行易货贸易；1952年，我国又同锡兰政府签订了5万吨锡兰橡胶易货27万吨中国大米的协定。往来承运任务都由华夏公司承担。

"抢购"、"抢运"都需要花钱，都需要以外汇收入作保障。那时，华润的出口工作也同样做得轰轰烈烈。

香港自己不产粮，副产品也很少，农副产品主要依靠进口，大陆同胞在自己还不能完全吃饱的情况下，省出粮食和家禽，出口香港。大米白面、鸡鸭鱼猪源源不断地运抵香港，此外还有土特产、油脂、矿产等。

担负"抢运"任务的轮船和火车，在把从海外采购的物资运回国内的同时，又把国内的出口物资运到香港，在香港出售，或转运到东南亚国家。

相比较进口而言，出口工作更显得琐碎、麻烦。他们要寻找经销商，要接待大量客户，有些客户现金不够，还要放账、借贷登记，以及催款、收款等等。

负责出口工作的人员有20余人，华润副总经理浦亮畴兼任出口部经理，副经理吕虞堂，还有孙用致、何祖霖、施日驹、方匡正、杨明洁、郑根源、徐辅治、郑百涛等。

会计处（对内称财会科）负责平衡外汇收支，每天同样忙得团团转，可谓"算盘声、打字机声，声声悦耳"。那时的财会科人员包括：黄美娴、谭志远、孙琼英、黄士娴、叶绍堃、严镇文、陆为立、于本中、胡世英、沈尔元、王寄安、陈志光、陆宗棋等。

华润研究部忙着向国内报价，并跟进外汇牌价。那时通讯设备落后，没有传真机，也没有复印机，全靠手抄，十几个人的工作量也很大。

此时，华润机要处的机要员还在香港，报务员已经搬到了国内。交通员常年往返于香港和广州之间。

1951年5月，华润董事长杨琳和副经理张平再次回北京汇报工作。他们先后向朱德副主席、办公厅主任杨尚昆、副总理陈云作了详细汇报，讲述了华润在反禁运中所采取的"抢购""抢运"措施，并听取了他们对华润下一步工作的安排。

汇报之后，陈云邀请杨琳到家里做客。

随着禁运和封锁的升级，港英政府的"缉私艇"在海上巡逻更加频繁，凡是运往中国大陆的物资，一经发现，全部没收，对经营者给与刑事处罚。

华润决定通过澳门转运。澳门的左派势力比较大。

为了避人耳目，1951年华润注册了一个小公司，叫兴隆行。兴隆行的负责人是倪维良和刘桂明，还有廖文慧、区韶炎，属于私人

退休后的刘桂明

无限公司。何忠祺负责对外联系。

此后，凡华润采购的物资，都交由兴隆行出面办理承运，先运到澳门，再通过澳门的南光公司，经由珠海（前山）运回国内。

香港的"水上人家"帮了很多忙，由他们承运，不会引起注意。货少时，承运商也用香港到澳门的"客船"运货，只要不是华润出面，缉私艇一般不管。

对于重要物资，兴隆行会派人暗中护送承运人，在船上旁观，以防出现万一。

徐国荃回忆说："香港的美国领事馆有成百上千的工作人员，他们监听华润公司。所以，我们做药品和橡胶买卖都用代码，用数字代替货物名称，每三个月换一次密码。"

在香港承运商中，不能不提到霍英东①，当时他们承担了很多海上运输业务。

写到这里，我们有必要提出一个问题：什么叫走私？

走私的判定属于政府行为，美国宣布禁运，触及他的禁运清单，对美国来说，属于走私。但是，中国政府也是合法政府，中共政府允许的贸易活动，对中国来说，就不是走私。

华润没有采购军火，买药品算不算走私？

在我们采访的过程中，许多老前辈谈到"走私"时都很谨慎，他们甚至以为自己真的是在做违法的行为，一再嘱咐我们：不要写出来。

美国动用联合国扩大"禁运物资"的范围，并强迫他国执行，这是一种违反国际贸易准则的不正常的行为，美国政府是失道的。相反，所有参加"反禁运"的国家和人民都是在维护世界贸易的公正与公平，参与其中的华润员工代表的是自己的祖国，

---

① 霍英东事迹详见《霍英东传》。

因此，我们认为，应该感到骄傲，正是那些药品减少了前线战士的死亡率，正是那些物资为新中国的发展提供了保障。

在世界经济格局中，新中国在诞生初期并没有取得应有的地位和尊严。"冲封锁，反禁运"成为新中国在经济和外贸领域里开展的一场声势浩大的练兵运动。华润公司作为先遣部队，在全国人民的支持下，成功地向全世界展示了新中国"愿以和平代替战争、以贸易合作代替政治对立"的外交政策和外贸姿态。外贸人员团结一心，统一价格，一致对外，在当时起到了维护国家主权和经济利益的作用。

当时的进口商品主要是：黑色金属、型钢、橡胶、肥田粉、棉花、轮船、药品等。

出口商品主要包括：土产品、畜产品、油脂、大米、食盐、铁砂、冰蛋、丝绸等。

下面这组数字可以体现当时对资贸易的成就，这组数字虽然是逐年递减的，但是，这并不妨碍我们对前辈的敬仰和理解。在我们了解了抗美援朝战争与禁运封锁这样的背景之后，我们完全

出口部同事留影

能够想象出当时的艰难，能够体会出华润前辈们是如何冒着生命危险从事对外贸易的。

据统计，1950年新中国对资贸易进口3.9亿美元，出口3.76亿美元；1951年进口6.47亿美元，出口2.72亿美元；1952年进口3.01亿美元，出口2.45亿美元。华润公司同锡兰（今斯里兰卡）、芬兰、印度等国家建立了正式贸易关系，与英国、法国、西德、日本、荷兰、瑞士等国家的厂商进行了非官方的民间贸易活动①。

客观上讲，封锁与禁运在一定程度上也加深了香港副食品市场对大陆的依赖程度。当时，美国军舰停泊在台湾海峡，严重影响了东南沿海一带正常的航运贸易，香港人多地少，副食品主要依靠进口。据不完全统计，1954年经华润出口到香港的鲜活食品：活猪522896头，蔬菜1.3亿公斤，水果8872万公斤，家禽1041万只，鱼1852万公斤。

1951年春季，美国禁运物资的清单再次扩大，从"禁运军火"变成"禁运一切战略物资"，许多药品也被列入战略物资。凡军人可用的物资，包括鞋子，都在其中。

禁运进一步升级。

华润在美国订购的物资，包括白铁管、矽钢片、盘尼西林、麻袋、桐油等，价值2000万美元，被冻结。

华润公司档案馆里有一张表格，表上记录了西方国家对华禁运后华润公司的损失：其中有些货物已经装船，货船在海上被拦截；有的货物已经付款，款项被扣，并不准提货。华润在美国的存款，被全部冻结。

华润派出的正在国外采购物资的员工，也受到不同程度的威胁。许多人上了美国的所谓黑名单。

---

① 华润集团档案馆第三馆。

抗美援朝时期，香港爱国商人包玉刚曾通过华润公司向志愿军捐献了一架战斗机，此事轰动香港。华润有个员工因此算了一笔账：华润公司被扣物资和被冻结的资金加起来可以购买125架战斗机①。

华润员工无比心疼，那些日子里，他们不分昼夜研究对策，设法挽救损失。他们不得不改变出口付款方式，对已经签订合同的出口美国的物资都改为跟单套现的方式。

这个时期，索赔工作量突然间增大了。

华润负责索赔工作的是韦志超、赵非洛。

世界各地的许多奸商利用"禁运"的机会，抓紧时间与华润签合同，接到华润付款后，他又说"没收到钱"或者"我的货被美国扣住了"等等，借口禁运，企图赖账。

华润跟布内门分公司签订了一大批栲胶，产地是南美洲，信用证开到了纽约，栲胶运到了香港，单据也交给银行了，可是，就在这时，布内门公司拒绝交货，他们说没收到钱。

华润领导在一起开会，认为两种可能都存在，一是真的没收到钱，钱被美国扣留了；二是赖账。我国当时急需此类商品，不仅中国，苏联等东欧社会主义国家也从中国转口橡胶类商品。于是决定，再付布内门同样一笔现金，以现货交易的形式买这船货。

对方不干，他们希望提价。他们知道华润一定急于购买。

韦志超负责谈判，双方代表坐在一起，气氛很紧张。韦志超说："你说钱没拿到，你为什么把单据交给银行了？我写好了诉讼文件，打算去法院告你们。"

布内门自知理亏，不愿意上法庭，最后同意以此前签订的"合同价格"出售。

① 华润集团档案馆（第二馆）。

华润花了两笔钱，买了一批货。大家觉得很憋气，于是再次找布内门交涉，委托他们追查上一笔货款。后来，对方分四次，把第一笔货款还回来了。

由于索赔案例增多，华润聘请了几位香港著名的大律师，包括陈丕士，通过香港法院进行诉讼。华润公司是在香港注册的合法公司，华润的生意理应受到保护。

第二十七章 反禁运——法庭索赔

1951年初，在反禁运的大背景下，华润在香港打了许多官司，这在当时引起了巨大震动。华润负责索赔工作的韦志超等，华润清理处的董士濂，华润聘请的香港著名律师巴特、陈丕士等，在杨琳、张平的指挥下，据理力争，与时间赛跑，这些故事真可谓惊心动魄。香港新华社和香港中国银行的负责人黄作梅、项克方、吴荻舟等同志也曾为索赔工作出谋划策。

西方资本主义国家对华润的贸易制裁实际上是针对新中国的，这件事立即引起了党中央、政务院的重视。

1950年12月12日，就在美国宣布禁运的第10天，政务院副总理陈云同志就此事向毛泽东、周恩来并中共中央作汇报，分析了我国可能遭受的损失，并提出七条对策。15日，中央向全国各地发出文件，公布了新的对资贸易规定，同时，在全国范

左：张平；右：陈丕士（50年代华润法律顾问）

围内对美国在华资产进行登记，做出不排除以牙还牙的警告，责成中央局提出接收方案，即令各地停开一切向美国的进口购买证和出口许可证。

美国的在华资产不少，40年代，蒋介石为了讨好美国，把一些矿山开采权和金融特权都给了美国。

华润的身后是伟大的祖国，华润是为祖国而战，为人民而战，理直气壮，流血牺牲无所畏惧。

我们在华润公司的档案馆里查到几十本很厚的卷宗，里面全部是关于华润及下属公司进口商品被美国"冻结"的记录和相关的"索赔"记录。其中包括：

1951年4月11日：《美国禁运情况资料》；

1951年6月30日：《华润公司被扣货、被冻结资金统计表》（此类卷宗共9卷）；

1951年1—6月：《合众公司货物被冻结材料》（此类卷宗共9卷）；

1951年4月5日：《合众公司购90部卡车被冻结事》；

1951年3—4月：《合众公司与大通银行关于资金索赔的诉讼文件》（1—2卷）；

1951年4月30日：《合众公司与法国洋行关于货物索赔经济纠纷往来函件》；

1951年5月9日：《250吨铁管索赔文件材料》；

1951年：《南新公司与华比银行打官司的材料》（此类卷宗共21卷）；

1951年3月19日：《广大华行与华比银行纠纷材料》；

1951年6月1日：《广大华行货物被冻结事》（此类卷宗共26卷）；

1953年3月17日：《南新公司货物被扣旧金山及货物被拍卖材料》；

1953年3月16日：《广大华行货物在奥克兰被扣及货物被拍卖材料》；

1953年1月8日：《合众公司关于President Fillmore 号货物索赔事》（1—2卷）；

1953年3月24日：《广大华行关于Steel Rover 号货物索赔事》；

1953年3月18日：《华润公司关于President Harding 被扣三藩市索赔事》；

1953年7月3日：《华润公司关于"东方号"货物（扬声器）被扣及索赔案材料》；

仅1953年华润办理的索赔总额就达293.7万港元，收回207.5万港元。

在这些案件中，有三个案例最有代表性。

一、"告美国总统轮船公司案"

华润从美国进口的硫胺由美国总统轮船公司运抵香港，卸入香港公仓后，美方却拒绝交货。华润提出诉讼，经律师辩护，最终交货，维护了我方利益。

徐鹏飞回忆说："香港一些商人也受到迫害，但是敢怒不敢言。华润带个头，利用香港的法律打美国的官司，请律师陈丕士和罗文锦代理，告美国总统轮船公司。他们败诉了，损失照赔。这是华润公司在反禁运中打赢的第一个官司，影响巨大。"此后，华润公司加紧了索赔工作，一些香港商人也跟随其后，开始了他们的索赔，形成了一种反封锁的力量。

二、华比银行存款案

并入华润的广大华行在美国华比银行存款270万美元，被冻结。华润公司聘请律师打官司。律师认为，华比银行是在香港注册的比利时银行，香港作为自由外汇市场，有权保护客户的利益，冻结华润所属公司广大华行的存款违反了香港法律。经过几次开庭审理，华润胜诉。

韦志超说："这两个官司在香港影响蛮大，香港商人看着我们，我们胜了，他们就跟进。这些案子不仅仅是钱的问题，更是为了冲破美国的封锁。"

三、橡胶拍卖案

这是一个沉痛的故事，是拖了很久才得以解决的悬案。

华润华夏公司的老经理郑炽南回忆说："我是1950年10月到华夏的，刚来时的主要航运任务就是运橡胶。橡胶可以民用，也可以军用，是重要物资，华夏公司运了很长时间。一大块橡胶，呈四方形，很重。"

为了争取贸易主动，华润公司决定增加常驻西方国家的代表，以便于采购和销售，同时还可以扩大同西方商人的交往。徐鹏飞和谭廷栋被派往英国。

徐鹏飞回忆说："1951年初，华润准备在伦敦开一家公司，派我和谭廷栋去。谭廷栋带着全家，有老婆孩子，动作慢；我是一个人，就先走了。我在伦敦等了好久，等不来。后来才知道，他去了新加坡，不久就出事了。"

谭廷栋的夫人陈菠回忆说："本来安排我们去伦敦开办公司，突然又通知我们改去新加坡，任务是采购抗美援朝物资。到了那里才知道是买橡胶。我们在新加坡扮成阔商，老谭是大老板，我是老板夫人，我们带着两个孩子，很像大老板之家。秘书是曾佛清，她是华侨，英文很好；李广德当助手。"

谭廷栋

谭廷栋（又名谭万方）是广东人，曾是东江纵队的负责人之一。东江纵队北上以后，他留下来从事地下斗争，先以教书为掩护，后加入"香港企业公司"，任副总经理，该公司1949年并入华润。

董事长杨琳和总经理李应吉亲自向谭廷栋交待任务：以华商身份去新加坡（当时叫星加坡），联络爱国华侨，采购橡胶。

右起：李广德、黄太太、陈菠、曾佛清

2月，他们一行人到达新加坡。

此前，华润在东南亚、英国等国家已经采购了大量橡胶。据《南洋商报》记载："英国及其殖民地自朝鲜战争发生以来，共输出值三亿五千七百万美元的树胶至新中国。"①

谭廷栋抵达新加坡后，与爱国商人开办的昆兴企业有限公司合作，很快就买到了3700吨。

陈菠回忆说："昆兴公司的董事长叫庄希泉，是一个民主人士；经理叫蔡贞坚，香港人；温平是公司大股东之一，香港人；还有一个董事叫郭瑞，福建人。"②

1951年5月12日，谭廷栋委托香港一家公司租用的英国轮船"南星摩罗"（又译"南西莫尔""南西摩勒"）号满载着3700吨橡胶，驶出新加坡。这船货是正当贸易，有报关单，经过了政府的检查，英国、新加坡、美国当局都知道。

---

① 1951年5月12日新加坡《南洋商报》。
② 庄希泉建国前夕回国，曾任全国侨联主席；郭瑞1951年回国，后任福建省副省长。

华润租用的英国轮船在海上行驶，目的地是广州湾，行程大约需要一周。

美国当局盯上了这条船。借口是：橡胶属于战略物资，在禁运之列。

轮船是英国的，美国敦促英国对这条船采取行动。

英国无奈，不知如何阻拦，只好敦促香港对这条船采取行动。

陈菠回忆说："当时我们感觉到形势很紧张了。轮船开走以后，我们把家里的文件材料清理了一次，有用的商业文件寄回香港，没用的就烧了。我们估计到新加坡当局会来抄家。"

上一章我们讲到"抢购""抢运"，背景是，美国宣布禁运，其他国家还没有跟随，实际上其他国家并不想跟随，他们同意"军火"禁运，但是并不想失去与中国做正常贸易的机会。第二次世界大战刚结束不久，各国都处在治愈战争创伤和恢复经济发展的时期，西方世界需要中国的土特产品，比如猪鬃、桐油等，同时他们也需要中国这个大买家。当然，也不排除还有一些国家的政府希望发"战争财"。

面对这种情况，美国不得不采取各种措施，强迫其他国家对中国实行禁运。

5月12日《南洋商报》报道："澳洲日内将宣布，严禁物资运华。"

另报道说："巴拿马船只奉令不准驶中国。"

当时的形势有多危险，我们今天很难想象。为了还原当时的背景，我们按时间顺序把当时的《南洋商报》作了仔细研究。

5月16日讯：

> 一位香港政府发言人近日拒绝表示当局将采取何种行动以阻止三千七百吨树胶运往中国，它已于十二日于新加坡

起运，尚未抵达目的地。……行业界披露说，运胶之英轮
"南西摩勒"将不赴香港，而直接开到中国交货。……当
该轮三日前离新加坡时，当地一政府官员说：这批货乃是
英国被请禁运中国树胶前，在份额制度下准许输出的。

从文中可以看出：当"南星摩罗"号满载橡胶在海上行驶的
时候，美国给英国施加了压力，敦促英国出面阻挠。英国迫于压
力，敦促香港出面，可是香港发言人的态度只是推诿。

"被请禁运"说明了压力的由来；

"将不赴香港"说明这条船不在香港的管辖范围之内；"准
许输出"说明这是合法经营。

美国不甘心，他不想看到3700吨橡胶在他们宣布禁运后运抵
中国。

为了对其他国家施加压力，美国动用了联合国。就在货船还
在海上行驶的时候，美国当局也在与轮船"赛跑"。

5月16日报讯："美驻联合国代表促自由国家遵守对中国禁
运，企图逃避者将受封锁处分。"

又讯："印度巴基斯坦声明：不运战略物资赴华。"

5月17日讯："西方列强今天同意建议联合国将禁运军火往
新中国的禁令扩大，使其包括战略物资的禁运。"

5月18日，五届联大通过了对中国实施全面禁运的决议。

5月18日讯："印尼将向美国屈服，支持对华禁运。"

5月20和22日讯：经不起美国朝野半年来的交相责难，英国
终于宣布支持美国的要求，将实行经济制裁北京政府了。……英
国今天宣布采取行动禁止所有战略物资经由香港流入新中国手
中……由25日起对华战略总禁运。

从这些零零散散的报刊记录中我们不难发现这样的逻辑
关系：

美国为了达到在朝鲜取胜的目的，操纵联合国扩大禁运范围，从禁运军火到禁运所有战略物资。在联合国的压力下，各国被迫服从。

英国宣布：从5月25日起"对华战略总禁运"。

"南星摩罗"号将在18日或19日抵达我国的广州湾。

按照常理，这批橡胶应该安全了。

可是，就在"南星摩罗"号即将进入我国领海的时候，英国的飞机飞来了。飞机在轮船上空盘旋，并通知船长："这条船被英国政府紧急征用。""马上向回行驶，直到见到哥锡克军舰。"

轮船不得不调转船头。因为，战争时期，任何人不得以任何借口违抗政府征用私人财产。

"征用轮船"只是一个借口，扣住这批货才是他们的真正目的。

1951年5月24日新加坡《南洋商报》报道：

> 载三千七百吨树胶之南西莫尔号，于开往中国黄埔港口途中，为英国运输部下令征用，已于昨日下午由英国战舰"哥锡克"卫护返回本坡。

5月29日讯：

> 查"南西莫尔"号上之三千七百吨树胶为本坡中街昆兴企业有限公司于四月九日前售予香港中国资源公司（China Resources）（即华润公司）者。……昆兴企业有限公司在"南西莫尔"号于本月十二日离星（即新加坡）前领取其货款。

5月29日《星洲日报》载：

> 英国运输部征用之英轮"南西摩勒"号所运载之价值
> 一千八百万美元树胶，现将在本坡起卸，不载赴英伦。

轮船被政府征用后，于24日被迫退回新加坡，29日船上的橡胶被卸下，随后"就地拍卖"。

这给华润造成了巨大的经济损失。

更令人气愤的是，他们毫不掩饰征用的假象，在橡胶被卸下后，轮船随之解除征用。

同时，新加坡当局对华润当事人的迫害、对昆兴公司老板的迫害也随之开始了。他们想从当事人那里证明他们扣货是正确的，他们想让当事人承认：这船橡胶不是民用的，而是为中国军队购买的。

25日凌晨，新加坡政治部派便衣突然闯进谭廷栋的家，搜查他们的住所。尽管搜查一无所获，但是，他们还是把谭廷栋、陈菠和李广德带走了，留下秘书曾佛清和陈菠的两个孩子。在审讯两个星期后，陈菠被释放，又把曾佛清抓了进去。谭廷栋是党员，被移交到新加坡的监狱。陈菠也是党员，没暴露。

陈菠回到家里，不敢随

1951年，陈菠与孩子于新加坡

陈菠（左）、曾佛清

曾佛清（右）、陈菠1951年于新加坡

便出门，也没有人来往，附近常有人监视。她带着两个孩子，苦苦等待，盼着华润派人来接他们。

让她感到温暖的是，她常能接到外面送来的食品，还有毛毯，不知道是谁送的。在新加坡，那时已经有一些中国机构了，中国银行也有新加坡分行。在那段等待的日子里，虽然很孤独，很害怕，但是，陈菠能够感受到祖国的关怀。夜深人静的时候，看着孩子们睡了，陈菠一个人悄悄地观察楼外的动静，她希望看到自己人，哪怕是一闪而过的背影，这就足以减轻内心的恐惧，她相信，华润一定派人来了，一定在设法营救他们。

她睡不着，她为老谭、小曾、小李担心[①]。

华润公司得知谭廷栋等人在新加坡被拘留以后，马上组织营救，聘请香港的简律师提起诉讼。

杨琳赶回北京，向中央

① 采访陈菠记录。

汇报。

经过半年的诉讼过程，经过中华人民共和国的外交交涉，1951年底，陈菠带着孩子回到香港。

李广德同时回到香港。

受华润委托出面租船的董浩云等也回到香港。

不久，昆兴公司的老板蔡贞坚、温平被新加坡当局驱逐出境，上船时，他们还带着手铐。蔡老板被送回广州原籍，温老板被送回香港。

秘书曾佛清，被新加坡驱逐出境，送回国内。

最后，谭廷栋被新加坡当局驱逐出境，勒令不准在香港停留，经香港直接回国。

他们几人回国后，再没人提起这件事。

组织上为回国的人全部安排了新的工作。

与橡胶案事件相关联的人都没有发生生命危险，这比神杖轮事件幸运得多，可是，随后所带来的负面影响一直存在了几十年，那就是：他们不可以再去新加坡。

先说昆兴公司受牵连的人。昆兴的股东多是爱国华侨，被新加坡当局驱逐出境后，不许再回去，他们的企业和巨额财产几乎损失殆尽。

曾佛清也是华侨，在新加坡有很多亲戚，可是不能回去了。她留在了中国，直到20世纪90年代，她想回去看看，申请签证，新加坡还是不批。

2005年我们采访陈菠时，她流着泪对我们说："五十四年过去了，没人提这件事，我们自己也不想提这段惊心动魄的往事，这段历史好像被人遗忘了。我们工作都很好，祖国没亏待我们，老谭的职位也很高。'文革'时期我们都没有因为这件事挨斗。唯独遗憾的是，曾佛清不能回新加坡探亲。前两年，曾佛清得了癌症，又申请回国，新加坡批了，她终于回去了，可没呆

退休后的陈菠

多久就回来了。她说伤心，她给亲人造成了很多麻烦。不久她就去世了。老谭和小李也去世了。"

陈菠流着泪对我们说："我现在经常思念他们，我活着，好像就是为了这件事，我要把这件事情讲出来，让后人记住他们的贡献。我终于等到了这一天。我想告诉后人：我们能为祖国做贡献，一生无悔。"在场的人都被感动得流下泪来。

我们查阅了关于橡胶案所有的档案资料，还有一些情节需要讲述。

抗美援朝战争结束后，华润再次提起诉讼，对损失的橡胶进行索赔，港英政府受理了这个特殊的案子，并作出以"税"补偿的决定，批准华润公司在随后几年的贸易利润中减免税款。

1973年中英建交前夕，中英谈判中提出赔偿问题，再次提到了橡胶案。

在解放初期，在冲封锁和反禁运的艰难岁月里，华润公司再次经受了血与火的考验，他们在斗争中学会了使用法律这个武器，通过数十项诉讼，有效地保护了公司和国家的财产。

第二十八章　穿越东半球的海运线

前面讲到，解放初期，我国东南沿海各出海口都受到不同程度的威胁，美国舰队和国民党军舰不停地在海上行驶，或者叫"巡逻"，渤海、黄海、东海沿线的各港口包括香港的维多利亚湾都受到控制；他们会以各种借口拦截所谓的"可疑"船只。而我国东北部、苏联东部的各海域，也不安全。

美国政府还知道，当时中国远洋船队主要指华夏船队，而华夏船队多数轮船挂的是巴拿马旗。

5月12日《南洋商报》报道：

巴拿马船只奉令不准驶中国。

就是说，美国政府要千方百计地割断新中国与世界的联系。

这些威胁和不平等待遇给华夏的航运工作造成极大困难。

新中国必须开辟新的海运线。

那时，我国与苏联和东欧十几个新民主主义国家保持着友好关系，帝国主义国家妄图把新中国的新政权扼杀在摇篮里，这其实是他们扼杀整个社会主义阵营的步骤之一。因此，这些社会主义国家联合起来，在政治上互相支持，在经济上以"易货贸易"的方式互通有无，共同度过了那段艰难的时光。

1950年初冬，中国政府与波兰政府协商，合资组建中波轮船公司。波兰是社会主义阵营的成员国之一，地处东欧，靠近苏联，有很长的海岸线，格丹尼亚（又译格丁尼亚）是一个重要港口。

中国和波兰各出三艘轮船组建中波公司，这个公司由两国政府直接领导；在中国，中波运输公司直属交通部。

中国的三条轮船由华夏公司派出。杨琳、李应吉和华夏公司负责人商量，把刚刚购买的三条万吨轮划拨过去。华夏公司派出的三条万吨轮是：梦荻娜、梦荻莎、莫瑞拉。三条船上的船长、大副、二副、报务员、船员等都随船过去。

梦荻娜（Mondena）挂波兰国旗后改名为"希望号"（Przyszkosc），大副肖炳章，二副李嘉寅，三副白开新，报务员刘志伟，水手魏炳，实习生杨元道、葛昌武等。

梦荻莎（Montesa）挂波兰国旗后改名为"兄弟号"（Brothers two），大副陈嘉禧（当时是广东省政协委员），二副许新芳，三副白平民，实习生陈双土、周士栋、白金泉等。

莫瑞拉[①]（Morella）挂波兰国旗后改名为"团结号"（Jednose），大副吴士忠，二副林忠敬，三副李煜明。还有几位实习生。

为了筹建中波公司，1950年底，杨琳派华夏的刘松志前往波兰（前面提到，碧蓝普号第一次航行汉堡，刘松志协助该船换国旗）。

从此，梦荻娜、梦荻莎、莫瑞拉这三条万吨轮开始远航波兰，这条航线几乎穿越了地球的东半区。

这条海运线是这样的：

中国湛江广州湾——经南海到马六甲海峡——经阿拉伯海到红海——经苏伊士运河到地中海——经直布罗陀海峡到大西洋——北上过英吉利海峡到北海——最终进入波罗的海。航程大约需要50天左右。

---

① 这三艘船的中文译名是白开新翻译的。

波兰的格丹尼亚是一个重要港口，华润公司的刘若明、冯舒之、梁万程、倪克功、许新识、俞谷风、淡蔚云都被派到这个港口工作。

中波轮船公司承运苏联、东欧各国至中国的航运业务。

刘若明夫妇

朝鲜战争爆发后，苏联和十几个国家组成的社会主义阵营，其出口中国的物资，大多集中在波兰；同样，中国出口苏联和东欧各国的物资，也运到波兰。

陈嘉禧在梦获莎上，该船挂波兰国旗，波兰人任船长。陈嘉禧回忆说："我们回来主要运钢铁，那时候我国搞工业化建设，需要大量钢铁；我国的出口物资主要是粮食和农副产品。我们运过干蛋黄，运到西德。""我去波兰仓库看过，很大很大的仓库，都是运往我国的物资。"

中波公司的轮船不够用，华夏出面租船，刘松志带领华夏公司的一批人负责联系，主要是租英国和瑞典的船，租了很多条。英国与香港有八小时时差，香港下班时间刚好是英国凌晨时间，刘松志他们常常是通宵联系。

英国船运那些非禁运物资；瑞典是中立国，"期租船"主要是瑞典的，瑞典政府不限制。

我国在这条航线上建立了多个"代表处"，先后与锡兰（今斯里兰卡）、印度、摩洛哥、法国、英国、荷兰、德国、丹麦、芬兰等国的港口建立了联系，为轮船提供服务，还要与当地政府

1951年2月23日，TANENA油轮船员于锡兰植物园门前合影　*照片提供：白文爽*

接触，进行"准外交"工作。

加煤主要在亚丁和孟买，加油则尽量靠近中东地区，那里的油便宜。

为了安全，中波公司为六条船上的船员制定了一些特殊规定，比如：从波兰驶往中国，在新加坡附近最后一次向总公司报告行程，过新加坡后停止电台工作，以防美蒋军舰破译电台密码，对轮船实行拦截。对这条规定，波兰船员不以为然，他们习惯于每天给家里人拍电报。为此，中国海员极力说服他们，告诉他们：万一被美国军舰扣住，你们很快就能得到自由，可是，中国海员就可能献出生命。中国海员用真诚感动波兰海员，也请他们转告家里人给予理解。

还有一条规定就是，在台湾岛附近，灯火管制。

我们可以想象，海上游击战，中国海员不容易，波兰海员也付出了很多。正是这种在战斗中结成的友谊，才使中波公司不断发展壮大。

从日本海到波罗的海，在跨越东半球的航线上，每天都有数艘乃至数十艘轮船，满载着贸易物资，驶往新中国。

在美国封锁我国的同时，我国以欧洲社会主义阵营为主要合作伙伴，同时逐渐扩大在欧洲的贸易范围，广交朋友，从"海岸线"一步步走进"欧洲内陆"，在德国、瑞士、英国等国，先后派出了贸易代表。

此时我国驻瑞士的商贸代表是张云啸，他曾在合众公司、华润公司、华润驻京办事处都工作过。1952—1955年，他先后在瑞士、丹麦、芬兰任大使馆商务专员。

我国派石志昂出任"东欧商务代表团"副团长，统筹中国与东欧各国之间的贸易。石志昂曾任香港合众公司经理，在香港期间与华润公司合作很多，该公司于1950年5月并入华润（对外仍保留名称），同月，石志昂调回上海，出任中国进出口公司华东区公司经理①。那时上海刚解放，急需大批懂经济的干部。1952年石志昂被派到东德。

在这条穿越东半球的海运线上，发生过太多可歌可泣的故事，那些海员，常年战斗在轮船上，与家人聚少离多。他们称这段时间的远洋运输为"海上游击战"。华润华夏的老前辈在海上游击战中建立了不朽的功勋。

这里我们不能不记录周士栋（周清东）的故事。

1951年，梦获莎改挂波兰国旗后不久，周士栋调到船上任三副。几年之间不断驾船往返于中国和波兰。

1954年5月，周士栋又被派到哥德瓦尔号当三副。虽然朝鲜

---

① 石志昂调回北京后，任中国进出口公司副总经理，卢绪章为总经理。

周清东　照片提供：白开新

刘志伟　照片提供：白开新

战争已经结束，但是，封锁和禁运并没有停止。哥德瓦尔号在黄埔港卸完进口物资后，中波公司派该轮绕过台湾岛，从东面北上，到我国东北装运出口物资。

1954年5月13日下午，轮船行驶到硫球群岛附近，被号称在那里演习的美蒋军舰拦截，连船带人，押到高雄。美蒋特务对周士栋严刑拷打，周士栋视死如归。1955年10月，周士栋被杀害，年仅27岁。

与周士栋一同牺牲的还有"工作号"轮船的政委刘学勇，二副姚淼周。

华夏报务员刘志伟1923年出生在澳门，1938年入党，是东江纵队的老报务员。从"东方号"调到"梦荻娜"后，常年在海上从事报务工作。在一次航行中得了急性肾炎，由于船上医疗条件有限，航程又长，耽误了医治，转为慢性肾炎，回到天津后，治疗无效，于1956年6月20日去世。

在香港，华夏公司的轮船此时也改换了国旗，继续运营。一些轮船也加入到"跨越东半球"的行列中。从华润公司1952年的工作总结中，可以部分地反映出朝鲜战争时期国际海运的成绩。总结中写道：

1952年，华润进口的重要物资计有：钢铁12.7万吨，铜2000吨，铝3300吨，橡胶3.47万吨，肥田粉24.8万吨，烧碱与纯碱14.7万吨，棉花7.7万吨等。每次航行前，华夏都为商品投保"强迫卸货险"，以避免被扣损失。

1952年出口物资主要包括：生仁3船、大豆1船、煤8万吨，桐油3000吨，菜籽2船、芝麻1船，豆油4000吨等。对丹麦成交大豆12000公吨；向英国出口几千吨芝麻和大量冰蛋；与西德成交百余吨菜油；对意大利出口一批芝麻。出口货采用了I.O.P.保险，有利于我方。

穿越东半球的海运线成为连接新中国与西方世界的纽带，在贸易活动中，西方世界禁运的联合阵线被逐步瓦解。

1953年1月25日，外贸部党组和华润公司向周恩来总理汇报工作，除介绍以上工作外，还介绍了西方部分国家当时的对华态度。

文件记载：

　　各国情况如下：

　　英国：尽力向我推销纺织品与一般化工品，以解除其本身困难；不干涉西欧对我转口；恢复由英直航我国口岸的货轮；默认锡兰与我国之间的橡胶和大米的交易。

　　法国：对我贸易的态度较为明朗积极，对我易货允许有50%的五金、钢材、机器等，我进口货中有钢板、钢管、矽钢片等重要物资。

　　比利时：1952年转口售我的钢材数万吨。

　　荷兰：需要我国大豆与花生，荷厂商到柏林接洽者亦多。

　　意大利：最近纺织界拟组代表团访问我国。

　　瑞士：可供应钟表及精制工具、仪器等。

　　芬兰：1952年签订的中苏芬三角贸易，3400万卢布，经济意义虽不显著，但政治影响很大。

　　瑞典：由于中苏芬三角贸易协定的影响，瑞典表示可供我滚珠轴承、钢材等，同时要求以钢铁交换我钨砂。

西德：西德厂商对中国贸易具有极大兴趣，较大厂商、银行都已与我柏林代表处建立了直接联系，其中有高级无线电设备。1953年对我输出品中包括钢铁、机器、金属制品、电气材料、化工产品、化学仪器等，要求我输出者主要为大豆、油籽、蛋品、钨、纺织原料等。

日本：中日贸易协议对日本中小厂商的号召力极大。

东南亚国家

锡兰：需要我国煤与丝绸，可以供我椰子油与香料（转口苏联）。

印度：希望我今年能继续供给大米50万吨，并拟供我纺织品及糖。

巴基斯坦：去年我购买巴棉7万吨，巴向我购煤共4.6万吨。今年重点放在向巴售煤。

缅甸：最近有缅商售我橡胶1000吨，已签合同。

印尼：最近才完成3000吨橡胶合同。这是我与印尼的首次成交。

在听取外贸部和华润汇报的基础上，中央作出如下决定[①]：1953年对资本主义国家贸易拟采如下的方针：

在"扩大对外贸易为经济建设服务"的总方针下，在"继续扩展对苏联和新民主主义国家贸易"的基础上，以经济为主配合政治、外交政策，积极展开对资本主义国家的贸易。

---

① 华润集团档案馆（第三馆）。

最成功的例子当属中国与锡兰（斯里兰卡）大米换橡胶协议，华夏公司承运。另外，华润成功地与英国开展了冰蛋贸易，这对西方世界和港英政府都产生了积极影响。

吕虞堂回忆说："反禁运的时候，华润向英国出口冰蛋3万吨，我们联系好货源，就找怡和洋行的黄先生，他帮我们不少忙。为了这批出口物资，整个华润公司都动员起来了。"一艘船的冷仓一般只有一二百吨，这批冰蛋运了很多班次。英国方面也曾多次派船来中国港口运冰蛋。

显然，西方国家对美国推行的"禁运"是不满的。

相关链接：

1950.11.2

中华人民共和国中央人民政府代表团和波兰人民共和国政府代表团在北京就两国政府合资组建中波轮船股份公司举行会谈。

1951.1.29

中华人民共和国和波兰人民共和国政府代表在北京签署了《关于组织中波轮船股份公司协定》。

1951.6.15

公司成立，中波两国政府各出资50%，对外称"中波海运公司"。总公司设于中国天津，分公司设于波兰格丁尼亚。

1951.6.26

总公司在天津马场道158号开始正式对外营业。

1951.9.7

波兰分公司在格丁尼亚成立。

1952.6.18

中央人民政府政务院财政经济委员会主任陈云为公司签发营业执照。

1954.1.1

公司参照苏联航运方面的会计制度采用适合本公司特殊性质的新会计制度。

1954.6.15

总公司在天津庆祝公司成立三周年。交通部部长章伯钧出席了庆祝会和宴会。

1956.9.14

公司向南斯拉夫斯普里特船厂订购建造四艘内燃机船。

1956.11.22

周恩来总理就中波两国关系答波通社记者问表示，在中波合作关系中，中波海运公司起了不小的作用。

1957.3.19

公司签订在南斯拉夫船厂建造两艘油轮的合同。

1957.4.12

周恩来总理陪同波兰政府部长会议主席西伦凯维奇视察天津总公司。

中波轮船股份公司是新中国第一家中外合资企业，自1951年起经营亚欧航线运输业务，先后承运过如山西神头电厂、葛洲坝、宝钢等国家重点工程的大型成套设备，近年来还独家承运了上海地铁、广州地铁设备与车厢，显示出中波公司在重大件运输方面的卓越能力和特长。①

---

① 引自中波公司网。

第二十九章　华夏公司
——新中国远洋航运的摇篮

　　为了发展新中国的远洋航运事业，1951年上半年，政务院财经委员会决定：由贸易部、交通部、华润公司三家联合，成立一个股份公司，公司名称为中国海外运输公司。7月，刘双恩从香港华润回北京筹建该公司，在整个筹建的过程中，刘双恩一家就住在华润北京办事处。

　　中国海外运输公司负责人由三家分别派出：

　　董事长由交通部的于眉担任；

　　总经理由贸易部的刘今生担任；

　　副总经理由华润公司的刘若明担任（刘若明曾去波兰参与筹建中波公司，很快又回国）。

华夏公司员工合影

该公司的管理委员会成员包括：李运昌、沙千里、林海运、于眉、刘恕。

中国海外运输公司总部设在北京北新桥汪家胡同，实际上是一个管理机构，轮船都在香港，就是华夏公司的人。在国内称"中国海外运输公司"，在海外还有另一个名称，叫"中国租船公司"。那时，中国的租船量很大，刘双恩也曾负责租船工作。

中国海外运输公司的具体业务分为两大块：1、海上运输；2、租船；这两块业务都放在香港的华夏公司。

海外运输公司刚刚成立，又赶上国家的机构改革，政务院改为国务院，强化了国家概念。1952年10月，从贸易部里分出外贸部，为了在外贸领域里实行"统一领导，一致对外"，从而防止多家分管带来的浪费，"中国海外运输公司"交由外贸部统一管理，交通部不再参加管理。

1952年底，刘若明看着那些在海上游击战中成长起来的华夏船员，还有那些从集美来华润的学生，感慨万千，当年的练习生如今都成了骨干力量。

退休后的白立新

他对白立新等人说："从集美来华润的34个人分成两半，17个留在外贸部，17个去交通部，去组建新中国自己的船队，挂五星红旗的船队。"白立新等人听了这些话很振奋：组建挂五星红旗的船队，这是多么令人鼓舞的消息啊。不久，17人从华夏公司调到交通部，离开了华润公司。交通部的船队开始主要以内河运输为

主，筹建远洋航运工作几番
挫折，几经磨难，在此不
提。

17个留在华夏的船员，
又分成两部分，一部分继续
留在香港华夏，一部分回到
北京海外运输公司总部。这
两部分人员原则上讲还是一
家人，都隶属于外贸部。

刘辛南、白平民、白文
爽、白立新等十余人调回北
京，回到海外运输公司的北
京总部。他们有航海管理经

退休后的白文爽

验，要协助有关部门制定各项规章制度，比如"港口进出口物资
统一接交办法"、"船长指示"等等。这是一项关系到我国与世
界海运事业能否接轨的大事。这个总部是一个管理机构，负责与
外贸部保持联系，而后给香港的华夏公司下达指令。

白立新模拟海上航路制作了一张大地图，然后根据海上轮船
的报告，及时标出轮船所在海域，这样，领导和相关人员都能及
时了解到每条船在海上行驶的位置了。

那时，往返于中国和波兰的轮船每天都有数十艘行驶在海
上。中波公司最初只有6条船，其中华润3条，波兰3条，后来苏联
船、瑞典船、丹麦船也加入进来，还租了两条英国船分别叫"东
风"和"西风"。

从华夏回到北京的刘双恩等十几人，在自己的岗位上献智献
策，成为新中国最早的一批远洋航运事业的专业管理人才。

1953年1月1日，在陈云副总理的关怀下，外贸部成立中国陆
运公司。

1955年前后，中国海外运输公司和中国陆运公司合并，建立中国对外贸易运输总公司（简称"中外运"，sino-trans）。

外贸部统一领导的中国对外贸易运输总公司成立后，成为"制定国家进出口货物运输计划"和"负责租船、订舱、储运、交接、分拨等组织工作"的专门机构。

"中外运"的工作主要是管理，海上运输和具体的租船工作还是由华夏公司承担。

1958年，外贸部的运输局并入中外运公司，这样，"中外运"成为一个政企合一的"总公司"，华夏是隶属于总公司领导的业务公司。就是说：华夏接受"华润"和"中外运"双重领导。

华夏公司原有的挂巴拿马和利比里亚国旗的轮船受到禁运限制后，1957年华夏又成立了一支"灰色"船队，对外称香港远洋轮船公司（Ocean Tramping Company Limited），经营不定期航线，轮船挂索马里国旗。这是一家合资公司。该公司得到迅速发展，高峰时达到50余艘轮船，207万吨载重量。第一任总经理是陈嘉禧，董事包括林开、白金泉。1958—1959年度盈利107万港币。

1961年4月27日，中国交通部成立中国远洋运输公司（cosco，简称"中远公司"），28日，该公司的轮船第一次悬挂中国国旗驶往雅加答。这是中国轮船第一次以中国流动国土的身份出使海外。

至此，由外贸部直接管辖、"中外运"和华润公司共同领导的"香港远洋"与交通部所属的"中国远洋"两只海上运输力量，加上其他一些小船队，共同承担起建设社会主义新中国的运输任务。

华夏香港远洋轮船公司存在了近20年，在"文革"期间，外贸部和华润公司的几任负责人都受到迫害。70年代初期，根据"中外运"的建议，外贸部审核，并报请周恩来总理批准，香港远洋轮船公司的28条轮船交给了交通部的中国远洋运输公司，包括在芬兰刚刚造好的新船也交了出去，陆续移交的轮船达五十余艘。

随后，中外运和华夏所经营的27条海上运输线路也交给了交通部。这些运输线几乎遍及全世界，涵盖了除美国以外的所有地区，包括古巴。

华夏公司保留了一些老船。华夏公司在出色地完成了海上游击战后，又开始了新一轮艰难的经营。

我们查阅了浩繁的档案资料，从中理出这样一组数据，即华夏公司1951—1959年的承运量，这些数据显示了我党领导的海上运输业从小到大迅速发展的轨迹，也不难看出，华润和华夏冲封锁反禁运所开展的中外贸易卓有成效。

1951年总运输量：约700000吨；

1952年总运输量：420000吨（受到禁运限制，运量下降）；

1953年总运输量：392000吨；

1954年总运输量：733838吨（期租船达23艘）；

1955年总运输量：1065108吨（期租船达38艘）；

1956年总运输量：1118253吨（期租船为19艘）；

1957年总运输量：939241吨（运价下降，苏伊士运河停航造成绕行，影响了运输量）；

1958年总运输量：3666781吨（华夏购船8艘，期租船114艘）；

1959年总运输量：2829711吨（华夏购船8艘，期租船39艘）。

第三十章 从"党产"到"国产"

中华人民共和国成立初期,新中国先设立了政务院(后改为国务院),周恩来为政务院总理。政务院下设若干部委,其中包括贸易部。

1952年机构改革,贸易部所分管的"外贸"和"内贸"一分为二,变为外贸部和商业部。

1952年8月12日,中央人民政府委员会第17次会议任命叶季壮为中央人民政府对外贸易部部长,雷任民、徐雪寒、李强为副部长①。

同年,经毛泽东主席提议,中国共产党和中国各民主党派不再保留"党产"②。

华润公司作为共产党的"党产",自1938年春季在香港诞生至今已经走过了十四年的风雨历程。1952年夏季,中央做出决定:从1952年10月起,华润公司不再由中央办公厅领导,划归国务院外贸部。

华润公司在作为"党产"的十四年里,经历了抗日战争、解放战争、抗美援朝战争。在这十四年中,华润公司不断冲破敌人的重重封锁,建立了不朽的功勋:

① 外贸部下设:1、进口局(机械进口科、五金进口科、杂品进口科);2、出口局(农产品出口科、畜产品出口科、矿产品出口科、工业品出口科);3、一局(主要对苏联、朝鲜、内蒙古、越南进出口);4、二局(主要对东欧各新民主主义国家进出口);5、三局(对资本主义国家进出口);6、贸管局(研究方针、法规);7、商价局;8、财会局;9、人事局;10、监察局;11、办公厅;12、机要处;13、总务处等。
② 《杨尚昆回忆录》,中央文献出版社,2001年。

抗日战争时期，在周恩来和重庆八路军办事处的直接指挥下，配合香港八路军办事处和保卫中国同盟为八路军募捐、采购战略物资，有力地配合前线将士，打败了日本帝国主义的进攻。同时，为团结全世界的爱国华侨和港澳同胞做出了很大贡献。抗日战争的胜利让全世界的华人扬眉吐气。

解放战争时期，华润公司在开展贸易支前的同时，突破敌人的封锁，把大批民主人士和文化名人送回国内，保证了第一届政治协商会议的顺利召开，对新中国的诞生起到了催生作用。

抗美援朝时期，华润公司为志愿军采购了大量药品和生活物资，对于减少战士伤亡做出了巨大贡献。西方世界企图把新政权扼杀在摇篮里，华润公司利用自己的港商身份，冲封锁、反禁运，团结爱国商人，扩大进口和出口，再次立下卓越功勋。

十四年里，华润公司一直肩负着两大使命：海外贸易工作和统一战线工作；

到1952年，华润在香港已经建立起一支庞大的经销网络，团结了2000余个爱国商社。两大使命相辅相成，已经逐步形成了华润自己的"外贸模式"，那就是：在经贸工作中落实统战工作，在统战工作中发展对外贸易；同时，在对资贸易中以外贸促进外交。

华润还培养出一支优秀的员工队伍，这些人热爱祖国，了解世界，懂经济，爱学习，出门西装革履，进门艰苦朴素，出污泥而不染。这是一支特殊的队伍，在十四年的战争岁月里，始终保持了对党的忠诚，做到了战无不胜。

回顾十四年华润公司走过的历程，多少风险，多少牺牲，多少艰辛，还有多少喜悦和自豪，从一开始只有杨琳等几个人，发展到1952年的几百人，而且拥有了自己的远洋船队，这是多大的变化啊。而这些变化无不是在我党的正确指挥下取得的，同时，也与全党大协作的无私支持有着直接的关系。

李应吉夫妇　照片提供：张平

共产党成为执政党，华润从"党产"变成"国产"，这正说明，我们的党从来不谋求私利，我们希望建设一个伟大的中华人民共和国。

1952年10月24日，华润公司进入资产移交阶段。

为了移交工作方便，清理工作放在华润下属的深圳南洋贸易公司进行，由南洋贸易公司（简称南贸）代表华润公司办理"托购托销"业务①。

华润公司总经理李应吉坐镇南贸。

中央决定：

澳门南光公司交给南贸②。

各省市所属的"港澳机构"全部交给南贸，对外取消原名称。

励兴公司改为华润驻广州办事处。

华南财委所属的德信行交给南贸。

---

① 华润集团档案馆（第一馆），69号文件。南洋贸易公司接收了很多人，到1954年，资产清理及合并工作才结束。此后至1984年，"南贸"作为华润驻深圳的办事处而存在。1984年，南洋贸易公司重新注册，成为华润集团设在内地的一家经济实体。

② 南光公司在1952—1983年期间，接受华润领导，主要业务在澳门。考虑到其独立性，本书没有记录南光历史。

德信行成立于1946年，隶属于华南财委，在香港注册，注册资金50万港币，经理谢鸿惠、宋镐、杨振志①。

1952年10月的机构调整和合并是在1950年5月机构调整的基础上进行的。这期间，香港的许多干部因为熟悉海外经济工作已被先后调回内地，在香港的各省市的贸易公司实际上已经与华润公司建立起密切的合作关系，华润以"港管委"的名义领导各公司"冲封锁、反禁运"，大家在战斗中相互配合，有很强的凝聚力，所以，这次合并进行得很顺利。

从经济上看，截至1952年，华润资金状况如下：

行数	摘　要	借　方	贷　方
香港华润公司自有资金清单（港币：元）1952.10.24			
1	1952年6月底资产负债表上资本科目		100000000
2	1952年6月底资产负债表上累积损益科目		126595345.39
3	1952年6月底资产负债表上累积损益调整科目		3930441.04
4	1952年6月底资产负债表上本期损益科目		16858732.68
5	退还中央办公厅股本	48000000	
6	退还中央办公厅1952年3月底止分红	66010047.84	
7	退还华南股本	8000000	
8	退还华南1952年3月底止分红	11001674.64	
结余资金		114372796.63	
合计		247384519.11	247384519.11

---

① 1951年10月，华南财委在广南运输公司的基础上成立了五丰行，注册资本170万港币。此次合并并不包括五丰行。五丰行于1954年划归港管委领导，随后得以迅速发展。

1、华润公司自有资金总额114372796.63元港币。

2、拨交"新华润"资金10000000元港币。

3、拨交华夏公司资金10000000元港币。

4、提出清理费用10000000元港币。

5、净余资金应上缴数84372796.63元港币。

中国贸易部欠华润款两项计港币2167193.54元，转与对外贸易部结算。

华润公司就清理工作上报中央，并解释了"清理费"的使用范围：

清理损益的范围及解释

一、凡原属港管委机构在1952年7月1日以后发生之清理损益属之，其项目如下：

1、付给香港税局的1952年6月底之前的利得税、代销税等税款。

2、属于1952年6月底以前的呆账损失。

3、1952年6月底以前的损益之调整。

4、原港管委机构对外投资的损益。

5、固定资产的清理损益。

6、其他不属于新华润之清理损益。

二、凡7月1日以后发生之新业务损益及经营新业务的机构之开支等应属新华润之损益，不得以清理损益处理。

三、鉴于账面交接系按1952年6月底之会计决算报告，而实际交接系在10月下旬，故7至10月中所发生之损益，有难于分别新旧之情况，在以后之清理中，亦可能有同样情形，故如金额不大可根据具体情况变通处理。

总账上设"清理资金"及"清理费用"两科目，"清理资金"科目记载外贸部所拨清理资金港币1000万元。

"清理费用"科目统驭属清理损益性质之各子细目。

1952年10月机构合并之后，中央对华润干部也做出重大调整：

办公厅"香港管理委员会"撤销，其中几位委员曾担任过华润公司领导，现另行安排：

原华润公司董事长钱之光此后不再管理华润工作，他已经担任纺织工业部副部长[1]。

原华润公司副总经理袁超俊任纺织工业部办公厅主任[2]。

华润公司北京办事处主任刘恕调到外贸部，任党组秘书[3]。

华润公司董事长杨琳调回外贸部，任计划局局长[4]。

华润公司总经理李应吉兼任南洋贸易公司总经理（年底机构改革结束后调回北京，任外贸部财会局局长）[5]。

张敏思调外贸部，任部长秘书。

王兆勋派驻印度大使馆，任商务专员。

黄美娴（杨琳妻子）调外贸部，从事外汇工作。

汪乾基调中国进出口公司，任财会科科长（当时没有处级，级别为部、局、科）。

刘若明（苏世德）[6]、冯舒之、梁万程、倪克功、许新识、俞谷风、淡蔚云等调波兰格丹尼亚港口代表处工作。

---

[1] 钱之光在纺织战线上工作了30余年，这期间与华润公司始终有密切联系。1994年去世。

[2] 袁超俊1955年1月任纺织工业部机械制造局局长，1957年8月任中国国际旅行社总经理，1964年11月任中国旅行游览事业管理总局副局长、党组副书记和党组书记。1999年去世。

[3] 刘恕后被派往巴基斯坦、法国任商务参赞，1980年任海关总署副署长。2004年去世。

[4] 杨琳后来的情况参见附录四：《杨琳小传》。

[5] 李应吉1953—1963年任对外贸易部财会局长、驻埃及大使馆商务参赞。1964年后任对外经济联络委员会副主任。"文革"中遭受迫害，1969年2月去世。

[6] 刘若明不久后回国，任中国海外运输总公司副总经理。

孙琼英（左，张平夫人）、黄美娴（杨琳夫人）

麦文澜、张云啸、余秉熹、浦亮畴、俞敦华夫妇等　照片提供：张平

华夏公司刘辛南、白平民、白愚山、黄国昌等调回北京，协助刘双恩①筹建中国海外运输总公司。

总计41人调回北京。

任命张平（张焕文）为华润公司董事长兼总经理。

调整后的华润公司机构如下：

经理：张平；

副经理：何平、浦亮畴、刘靖（赵敬三）（1954年后增加俞敦华、李任之）；

经理室6人，分管秘书科和机要交通；

进口科20人，徐鹏飞、董继舒为正副科长；

出口科16人，浦亮畴兼科长，吕虞堂为副科长；

计划科15人，刘朝缙、杨文炎为正副科长；

储运科20人，翁觉深、何忠祺为正副科长；

财会科15人，谭志远为科长；

秘书科34人，巢永森、李纪扬为正副科长；

广州办事处16人，杨荃、乔中平为正副科长；

"印巴三处"34人，麦文澜负责；

清理处20人，徐鹏飞、杨文炎兼任负责人；

华夏公司总经理：刘松志。

前面所记的员工人数指正式员工，不包括练习生和青工。华润公司当时的实际人数远远多于这些数字。

这些机构是按国内的机构命名的，实际上在香港对外称呼仍沿用海外习惯，称公司领导为总经理、协理，称部门负责人为经理、主任。

---

① 刘双恩1951年调回北京，先后筹建"中海运"、"中外运"总公司，曾任"中外运"副总经理、副总工程师，外贸部运输局副局长。1978年去世。他是新中国海运事业的奠基人之一。

（香港）中国银行大厦，华润公司总部设在9—12层 照片提供：张平

1952—1979年，华润在香港的中国银行大厦办公 照片提供：陈渭仪

1952年，香港"中国银行大厦"（简称"中行大厦"以区别后建的"中银大厦"）落成，投入使用。华润公司遂搬进中行大厦，该楼共13层，是香港当时最高的建筑，华润总部设在9—12层（13层是餐厅和会议室），华润及其下属机构占用了该楼近一半的楼层。

在香港14年里，华润随着业务的扩大，办公地点已经搬过几次家：

1938年春租冯氏大厦一间；

1946年秋租太子行一间；

1948年夏租毕打行近一层；

1950年初租渣甸行一层；

1952年底搬进中国银行大厦。

香港报纸反响很强烈，广泛报道了这次变化。

中国银行大厦成为香港的一个标志，我党领导的金融和贸易机构基本上都集中在这里，这里人来人往，热闹非凡。内地工作人员往来香港或经香港出国都来这里落脚；港澳爱国商人也把这里当成自己的娘家；还有海外侨胞，当他们回香港的时候，总要到这里看看，买些华润销售的国货，当他们在海外受到排挤时也到这里寻求保护。

这次大合并之后，在华润旗下保留下来的公司主要有：华夏公司、五丰行、德信行、宝元通。

另外还有三家公司，其名称一直保留着：广大华行、合众公司、南新公司。因为这三家公司在美国禁运期间，都有商品和资金被美国扣留和冻结，保留这些公司为的是有朝一日进行索赔[①]。

---

① 这三家公司的名称一直保留到中美建交。